Der Mörder ist immer der Gärtner – wie diese hegenden und pflegenden Menschen derart in Verruf geraten sind, weiß nur Sherlock Holmes. Peter Würth kann dagegen von den großen Freuden und kleinen Leiden des Gärtnerns erzählen: Ruhe, Gelassenheit und Harmonie findet er in seinem Garten, auch Demut vor der Natur, wenn die Sonnenblumen die Sicht versperren, wo man sich nur ein kleines bißchen Gelb gewünscht hätte, die Schnecken die Lupinen fressen und die Madonnenlilien das Wachstum einstellen, beleidigt über den Platz in der zweiten Reihe. Der Gärtner wird schließlich süchtig danach, es allen Pflanzen in seiner Obhut recht zu machen, er verfällt dem Unkrautjäten und verliert jedes Zeitgefühl, auf der Suche nach den Geheimnissen des Stückchens Erde, das ihm am Ende (fast) jede Mühe dankt.

Peter Würth, 1954 in München geboren, hat nach Studium und Journalistenschule »wie alle anständigen Journalisten« bei der Münchner ›Abendzeitung‹ angefangen. Später war er Dokumentarfilmer, dann Chefredakteur von ›Country‹ und ›Zeit-Magazin‹. Heute lebt er als freier Journalist und Buchautor (›Hamburger Landpartie‹, 1996) in Hamburg.

Peter Würth

Gärtnern

Kleine Philosophie der Passionen

Deutscher Taschenbuch Verlag

Originalausgabe
Mai 1997
6. Auflage März 2008
© Deutscher Taschenbuch Verlag GmbH & Co. KG,
München
www.dtv.de
Umschlagkonzept: Balk & Brumshagen
Umschlagbild: Alfons Holtgreve
Satz: Design-Typo-Print GmbH
Gesetzt aus der Bodoni Book 12,5/16 Punkt (QuarkXPress 3.32, Mac)
Druck und Bindung: Druckerei C. H. Beck, Nördlingen
Gedruckt auf säurefreiem, chlorfrei gebleichtem Papier
Printed in Germany · ISBN 978-3-423-20036-3

Inhalt

Der Rivale

Ich liebe meine Frau. Und ich liebe unseren Garten. In dieser Reihenfolge. Eindeutig. Bei meiner Frau bin ich mir über die Rangfolge nicht immer ganz so sicher. Wenn sie von der Arbeit nach Hause kommt, ist sie müde und abgespannt, braucht Erholung. Das ist mehr als verständlich. Sie schließt dann die Türe auf, ruft mir »Hallo Schatz« zu und geht in den Garten. Kein Kuß, keine Frage, wie es mir geht, nichts. Sie setzt eben Prioritäten. Wenn bei mir nicht alles in Ordnung wäre, hätte ich sie sicher schon im Büro angerufen. Außerdem bin ich erwachsen und selbständig. »Ihr« Garten aber braucht sie. Er wartet den ganzen Tag lang auf sie, wartet darauf gewässert, gedüngt, von Unkraut befreit zu werden. Ich kann ja selbst für mich sorgen, einkaufen gehen und mir etwas zu essen machen.

So ein Garten aber ist wie ein kleines Kind. Er braucht seine Nanny, sonst bockt er oder schlägt über die Stränge. Meint sie jedenfalls. Mindestens eine halbe Stunde lang wandelt sie dann durch die Idylle, betrachtet die Rosen, bewundert den Rittersporn, strahlt die Hortensie an, flirtet mit ihren geliebten Lilien und macht den von Schnecken bedrohten Lupinen Mut. Und ich überlege, ob ich im nächsten Leben nicht als Kosmee wiedergeboren werden will. Mit welchem Glanz in den Augen sie die Dreimasterblumen anschaut, wie liebevoll sie die Trollblumen streichelt.

Man könnte direkt eifersüchtig werden. Was heißt könnte. Ich bin eifersüchtig. Und zwar zu Recht. Schließlich habe ich sie zuerst gekannt. Der Garten trat erst später in unser Leben. Und daran hatte ich einen nicht unerheblichen Anteil. Ich habe ihn schließlich angelegt, während sie irgendwelche komischen meetings hatte. Von mir stammt der letztendlich realisierte Grundriß. Und was ist der Dank: Meine Frau verliebt sich in ihn. Noch nicht einmal eine ordentliche ménage à trois ist möglich. Sie ist auch noch eifersüchtig, wenn ich etwas anderes mache, als ihm still dienend Wasser zu geben.

Neulich sah ich auf dem Markt einen wunderschönen Ranunkelstrauch, den ich voller Stolz nach Hause schleppte. Sie machte ein Gesicht, als hätte ich das Rosenbeet umgegraben. Er paßte ihr einfach nicht in den Kram. Sie fand immer neue Ausreden, warum sie ihn nicht einpflanzen wollte. Die Farbe paßte nicht, er würde zu groß werden, sie hätte den letzten verfügbaren Platz schon anderweitig verplant ... Wir verschenkten ihn schließlich an Freunde. Sie hatte ihren Willen durchgesetzt.

Ich muß inzwischen richtiggehend kämpfen, wenn ich von einem der beiden etwas will. Um ihn darf ich mich nicht mehr richtig kümmern und bei ihr spiele ich zumindest zeitweise nur noch die zweite Geige. Ich gebe ja zu, daß er in manchen Dingen leichter zu handhaben ist als ich. Er widerspricht zum Beispiel grundsätzlich nicht, kommt nie zu spät und kriegt keine Wutanfälle. Aber das ist doch noch lange kein Grund, mich zu ignorieren.

Am Wochenende geht's weiter. Nach dem ausgiebigen Samstagsfrühstück mit mir zieht es sie zu ihrem Geliebten. Wenigstens macht sie sich nicht auch noch schön für ihn. Ganz im Gegenteil: Die ältesten Jeans und T-Shirts sind gerade gut genug. Und angefaßt wird er nur mit unförmigen Gartenhandschuhen. Das geschieht ihm ganz recht.

Voller Elan stürzt sie sich ins Vergnügen und hat schon wieder keine Augen für mich. Stundenlang beschäftigt sie sich mit ihm. Sie verschönert ihn, kocht Tabaksud für die von Ungeziefer befallenen Rosen, zupft hier und da, pflanzt dort etwas ein, da etwas um. Keine Mühe ist ihr zu groß, keine Gießkanne zu schwer, keine Erde zu schmutzig, kein Dorn zu spitz. Sie verausgabt sich total. Erst wenn sie völlig erschöpft ist, erinnert sie sich meiner wieder. Dann hat sie Hunger und Durst, braucht eine Schulter zum Anlehnen, weil der Rücken schmerzt.

Und ich stehe wie immer bereit. Schließlich mag ich ihn ja auch, und sie hat ihm Gutes getan. Davon profitiere ich genauso wie sie. Und wenn ich mich recht liebevoll zeige, vergißt sie mich vielleicht bis zum Winter nicht ganz. Denn dann kommt meine Zeit, dann bin ich dran. Während er draußen in der Kälte frieren muß, liege ich mit ihr im warmen Bett. Dann ignoriert sie ihn und kümmert sich um mich.

Der Garten meiner Kindheit

Es begann in München. Auf einer der ersten Luftaufnahmen der Stadt, ungefähr 1917 von Bord eines Luftschiffs aus fotografiert, sieht man links oben in der Ecke den Garten meiner Kindheit. Eigentlich ist es der Garten meines Großvaters und seiner Familie, denn damals war noch nicht einmal mein Vater geboren, von mir ganz zu schweigen.

Den Prinzregentenplatz, wo ein paar Jahrzehnte später ein schnauzbärtiger Verrückter, der die Welt ins Unglück stürzte, wohnte, kann man erkennen und eine nach Osten führende Landstraße, von Alleebäumen, Wiesen und Feldern gesäumt. Und dann stehen fast genau da, wo sich heute auf dem Mittleren Ring die Blechlawine staut, noch zwei Wohnhäuser und ein backsteinernes Fabrikgebäude.

Ach ja, und ein schmaler, wie ein Deich zwischen Wiesen aufgeschütteter Feldweg führt vom besagten Prinzregentenplatz schnurgerade auf das eine Haus zu. Der Legende nach hat ihn mein Urgroßvater anlegen lassen, weil er sich

11

dann vor seinen geliebten (übrigens heute noch existierenden) St.-Georgs-Weinstuben nur in die Kutsche fallen lassen mußte und das Pferd dann immer geradeaus nach Hause laufen konnte. Die Einfahrt war breit genug für Roß und Wagen, und Urgroßvater konnte trockenen Fußes – er hatte nur noch einen – aussteigen und mit seinem Lift, einem der ersten privaten Aufzüge in München, zu Urgroßmutter in den ersten Stock fahren. Soweit die Familienlegende.

Neben den Wohnhäusern und dem Fabrikgebäude also erstreckte sich der Garten: 4 000 Quadratmeter Pappel-gesäumtes Paradies. Auf dem vergilbten Foto kann man leider nicht erkennen, wie der Garten damals angelegt war. Und ich habe ihn ja erst vierzig Jahre später vom Kinderwagen aus kennengelernt.

Zu meiner Zeit teilten sich drei Familienzweige diesen Garten. Ganz links, gleich neben den Häusern, begann das Reich meiner Tante Bertha. Hinter einem kleinen grünen Türchen führte eine steile, efeubewachsene Treppe hinab in den vielleicht fünf Meter unter Straßenniveau liegenden Garten. Hier war alles piekfein und ordentlich: Der Rasen regelmäßig gemäht, das Unkraut gezupft, die Rosen geschnitten. An einem Ende des Gartens stand ein hölzernes Häuschen für die Gartengeräte, mit einer Bank zum Ausruhen davor. Als Kinder brauchten wir nicht lange, um herauszufinden, daß darunter der Wasserhahn versteckt war, mit dem man die weiße Porzellangans im Zentrum des runden Goldfischteichs mitten in Tantes Garten zum Wasserspeien bringen konnte. Zum Sonntagskaffee saßen Tante Bertha und ihr Onkel Otto, ein Genußmensch, der mit Vorliebe Blumenaquarelle malte, hinter einem blühenden Rosenbogen auf einem gepflasterten Platz und versuchten die lärmende Bagage im restlichen Teil des großen Gartens zu ignorieren.

Denn unmittelbar hinter der durch einen hüfthohen Drahtzaun markierten Grenze begann unser Teil des Gartens, der von Herrn Held, einem entfernt ebenfalls zum Familienclan gehörenden Gärtner, in Schuß gehalten wurde. Heute weiß ich, unter welchen Mühen er diesem Garten wahre Wunderdinge abgerungen hat. Damals war es selbstverständlich, daß darin massenweise Erdbeeren, Johannisbeeren, Stachelbeeren, Walderdbeeren, Himbeeren, Erbsen, gelbe Rüben, Rettiche, Rhabarber, Kirschen, Äpfel, Birnen, Zwetschgen, Spinat, Salat und Kräuter zur freien Bedienung wuchsen.

Wir Kinder stopften uns die kleinen Mäuler mit Beeren voll, bis uns der rote Saft übers Kinn lief. Wir holten uns die zartesten gelben Rüben frisch aus der Erde und ritzten die Schalen der Erbsenschoten mit dem Daumennagel auf, um die köstlichen Erbsen herauszubekommen. Wir hauten uns die Bäuche mit Kirschen voll, bis wir uns vor Bauchschmerzen krümmten, und zu guter Letzt schlugen wir unsere Milchzähne in die harten, wäßrigen, aber zuckersüßen Birnen, die ich heute noch jeder anderen Birnensorte vorziehe.

Gar nichts anfangen konnten wir mit den Holunderbeeren, die an der Böschung rund um den Garten wuchsen. Höchstens, daß wir uns mal einen Holunderzweig abbrachen, das weiche Mark herauskratzten und versuchten, mit dem Taschenmesser daraus eine Pfeife zu schnitzen, wie das in den Kinder- und Jugendbüchern immer so schön beschrieben war. Leider gelang es mir nie, diesen selbstgebastelten Flöten Töne zu entlocken.

Die Holunderbüsche hatten dennoch ihr Gutes. Man konnte sich in ihnen rund um das gesamte Grundstück schleichen, ohne gesehen zu werden. Und in dem Holzzaun, der sie von der Straße trennte, fehlte immer mal wieder eine

Latte, so daß man sich heimlich hindurchquetschen und fortschleichen konnte, um für ein Zehnerl ein Eis holen zu gehen. Dummerweise war der Zaun auch in der anderen Richtung durchlässig, was beim Indianerspielen unangenehm werden konnte. Denn unser Garten war auch so etwas wie eine Festung gegen die feindlichen Nachbarstämme, und nur die besten Freunde durften einem helfen, dieses weitläufige Fort mit Kastanienwürfen zu verteidigen.

Der wichtigste Teil des Gartens aber war die große Wiese, die auf beiden Seiten von Teppichstangen eingerahmt war. Manchmal wurden hier Teppiche geklopft und an dazwischen gespannten Seilen Wäsche zum Trocknen aufgehängt, aber meistens dienten die Stangen als perfekte Fußballtore für uns. Das unterschied unsere Fußballwiese ganz wesentlich von all den anderen Wiesen rund herum. Wo sonst gab es schon richtige Tore, sogar mit einer Querlatte, so daß es nie Streit über Tor oder Nicht-Tor gab? Und noch zwei Vorteile hatte unsere Wiese: Erstens wurde sie von Herrn Held von Zeit zu Zeit mit der Handsense kunstgerecht gemäht und zweitens gab es bei uns keine Schafe, so daß man auch nicht dauernd auf der Schafscheiße ausrutschte.

An Tieren herrschte – einmal abgesehen von den obligatorischen Wespen auf Mutters Sonntags-Zwetschgenkuchen – überhaupt ein auffälliger Mangel im Garten meiner Kindheit. Als ich ganz klein war, hatte es wohl mal einen Schäferhund gegeben, der aber bald überfahren wurde und keinen Nachfolger hatte. An Katzen kann ich mich nicht erinnern, obwohl die zahlreichen Vogelnester und Mäuse ihnen sicher ein sorgenfreies Leben ermöglicht hätten.

Nur ein einziges Mal kam wirklich tierisches Leben in unseren Garten, als ich im erlebnishungrigen Alter von zwölf Jahren beschloß, mich zusammen mit einem Freund zweier Kaninchen anzunehmen. Diese wurden im noch aus grauer Vorzeit übriggebliebenen, leerstehenden Hasenstall einquartiert. Wir versprachen, uns intensiv um Futter und Pflege zu kümmern, hatten aber blöderweise übersehen, daß es sich um ein Pärchen handelte. Es kam, wie es kommen mußte. Binnen kurzem war aus dem Pärchen eine zwölfköpfige Großfamilie geworden, deren schmächtigstes Mitglied wir sogar mit dem Fläschchen fütterten. Inzwischen war es Winter geworden, und ich mußte mir zweimal täglich durch tiefen Schnee den Weg zum Hasenstall bahnen, um das Dutzend gefräßiger Nager mit geschnitzelten Zuckerrüben zu versorgen.

Leider war ich nicht nur für die Ver-, sondern auch für die Entsorgung zuständig. Niemand kann sich in der Theorie vorstellen, wieviel Mist zwölf Kaninchen machen. Schubkarrenweise schaufelten mein jüngerer Bruder und ich stinkende, kleine, schwarze Perlen.

Als das Frühjahr kam, mußte eine Entscheidung fallen. Und die fiel dann nicht einmal mir mehr schwer. Die Kaninchen wurden zum Preis von drei Mark pro Stück meinen Mitschülern angeboten, von denen einige Nichtsahnende auch begeistert zugriffen, andere wurden an entfernte Bekannte verschenkt und das letzte bekam Herr Held. Ich vermute, er hat es sich schmecken lassen, jedenfalls wurde es nie wiedergesehen.

Dem Erfolg als junger, dynamischer Kaninchenzüchter standen völlige Mißerfolge auf gärtnerischem Gebiet gegenüber: Sämtliche Versuche, in einer uns Kindern überlassenen Ecke des Gartens ein Beet, etwa mit Radieschen, anzulegen, scheiterten kläglich. Bald nachdem der Tütensamen unter die Erde gebracht war, zeigten sich zwar erste grüne Spitzen, die sich auch zu einem kräftigen Kraut auswuchsen, allein unter

17

der Oberfläche tat sich rein gar nichts. Kümmerliche und ungenießbare rote Gebilde waren alles, was wuchs. An der Erde kann es nicht gelegen haben, schließlich gedieh gleich nebenan alles bestens. Das Klima war auch dasselbe, es muß also der Samen aus der Tüte gewesen sein, der meinen aufkeimenden gärtnerischen Ehrgeiz so schnell wieder zunichte machte. Vorerst blieb ich konsumierender Nutznießer des gärtnerischen Eifers anderer.

Mit dem Garten meiner Kindheit nahm es ein jähes Ende, als das Grundstück verkauft wurde. Im Frühherbst wurde der große Schornstein in einer spektakulären Aktion gesprengt und seine roten Ziegelsteine fielen auf die Himbeersträucher, die wir dummerweise noch nicht einmal vorher leergefuttert hatten. Zu unbegreiflich war, daß all das Selbstverständliche mit einem Mal nicht mehr da sein sollte.

Wenig später fuhr ein gnadenloser Bagger mit der Abrißbirne durch den Salat und die Erdbeerrabatten. Die vom Blitz ohnehin schon angeschlagene, riesige Kastanie, in der noch die Reste des Baumhauses meines Bruders hingen, wurde gefällt. Den gewaltigen Pappeln rund um das Grundstück erging es ebenso, kein Baumschutzbeauftragter hielt sie für rettenswert. Ganze acht Bäume wurde von einer aus England angereisten Spezialfirma ausgegraben und mit Wurzelballen auf ein Nachbargrundstück verpflanzt. Ein paar davon gingen bald ein, einige blieben stehen, und zwei Birnbäume kamen nach dem Bau des neuen großen Miets- und Bürohauses zurück aufs alte Grundstück. Wie es mit den Kirschbäumen zu Ende ging, weiß ich nicht mehr. Wahrscheinlich konnten wir das Elend, das den Wohlstand der Familie mehrte, da schon nicht mehr mitansehen.

Die Yucca-Palme

Von Pflanzen und Gärten hatte ich nach dem traurigen Ende des Gartens meiner Kindheit erst einmal genug. Alles Grünzeug war, da hatte ich mich dem Zeitgeist angepaßt, dekadent und spießbürgerlich, die Usambara-Veilchen auf der Fensterbank meiner Mutter waren als Geburtstagsgeschenke wohlmeinender Verwandter nicht wegwerfbar, und die Geranien auf dem Balkon verströmten einen seltsam bitteren Geruch, den ich noch heute nicht ausstehen kann.

Nur eine einzige Pflanze konnte vor meinen kritischen Studentenaugen bestehen: eine Yucca-Palme, wie sie in den frühen Siebzigern zur obligatorischen Grundausstattung jeder WG gehörte. Ein Stück Ast, aus dem seitlich ein gelblich-grüner Trieb herauswuchs, der harte, spitze Blätter produzierte und dabei immer länger wurde. Yucca-Palmen haben die grandiose Eigenschaft, in geschlossenen Räumen nahezu jede Art von Pflege, bis hin zur völligen Nichtversorgung, zu überstehen. Selbst wochenlange Trockenheit wegen Abwesenheit oder anders gearteter Interessen des Besitzers können einer Yucca-Palme nicht den Garaus machen. Zwar wird der Trieb immer gelber und schwächlicher, zwar vertrocknen die unteren Blätter, aber ein bißchen Leben ist in so einer Yucca-Palme immer noch.

Wer sie loswerden möchte, und das will früher oder später jeder, muß zum Mörder werden. Wer darauf vertraut, das Teil so lange »vergessen« zu können, bis es abgestorben ist, um es dann mit geheuchelter Trauer im Blick entsorgen zu können, hat Pech gehabt. Diesen Gefallen wird einem keine Yucca-Palme tun. Andererseits bietet sie einem auch keinerlei Gelegenheit, seinen grünen Daumen zu entwickeln. Im besten Fall wachsen bei günstiger Beleuchtung, Temperatur und Wässerung die Triebe etwas schneller und die Blätter sind etwas grüner. Ein langweiliger Staubfänger, der aussieht wie ein Holzpflock mit angeklebten Blättern, bleibt die Yucca-Palme dennoch.

In ihrer Treue und Anspruchslosigkeit indes dürften die Gründe liegen, weshalb die Yucca-Palme gerade in Junggesellenhaushalten so weit verbreitet ist. Mein für ein paar Mark erstandenes Exemplar überstand 15 Jahre lang alle

21

halbherzigen Mordversuche, und erst Petra, meine spätere Frau, hatte beim Umzug in unsere erste gemeinsame Wohnung die Kaltblütigkeit, die kümmerlich sprießenden Überreste in einem unbeobachteten Moment in eine Plastiktüte zu stecken und sie in den Müllcontainer zu werfen. Wie ich meine Yucca-Palme kenne, hat sie sich dort von einem mitleidigen Hausbewohner entdecken und retten lassen.

Erste Eroberung

Als ich nach Hamburg kam, zog ich innerhalb von drei Monaten achtmal um. Von einem Hotel ins andere, von einem Apartment ins nächste. Das Hotelzimmer war nicht länger frei oder dem Verlag zu teuer, das Studio im 17. Stock eines Hochhauses gab ich nach einem Tag wieder auf, weil mir jemand erzählt hatte, das sei das sogenannte Selbstmörderhaus, was ich sofort glaubte, als ich den faszinierenden Sog spürte, der mich überfiel, als ich ganz nah ans Panoramafenster trat und nach unten blickte.

In der Mittagszeit, vor und nach der Arbeit las ich Wohnungsanzeigen und besichtigte »Objekte«. Ich kannte mich in der Stadt nicht aus, landete in den seltsamsten und abgelegensten Stadtteilen, bis ich mich allmählich zurechtfand und wußte, wohin wir in etwa ziehen wollten.

Eines Mittags reihte ich mich unter die vier Dutzend Bewerber um eine Parterrewohnung mit Garten ein. Klein und etwas seltsam geschnitten war die Wohnung, aber das Haus war eines jener Hamburger Stadthäuser, deren Charme mich seit

meiner Ankunft an der Elbe so fasziniert hatte. In München hatte es solche Häuser nicht gegeben: Elegant, aber nicht protzig, großzügig, bürgerlich, großstädtisch, mit hohen Räumen und – in diesem speziellen Fall gleich zwei – Wintergärten. Einer nach vorne zur Straße, einer nach hinten zum Garten hin.

Sagte ich Garten? Wildnis wäre passender gewesen. Ein schmales verwildertes, grünes Handtuch. Der Rasen war bestimmt seit einem Jahr nicht gemäht worden. Die dicken Grasbüschel lagen plattgeknickt auf dem Boden. Unterm Pflaumenbaum verrotteten die Überreste Hunderter von Zwetschgen. Die Beete waren vom Unkraut überwuchert. Eine stachelige Ranke durchzog den hinteren Teil des Gartens, der gepflasterte Teil am hintersten Ende war völlig verdreckt, überall lagen Überreste der Hausrenovierung: zerbrochene Ziegel, Glasscherben, Nägel, Dachpappe und was weiß ich noch alles.

Aber die Wildnis hatte was: zwitschernde Vögel und immerhin fast fünfzig Meter freien Blick in eine Art Parklandschaft, an deren Ende mächtige Rhododendren standen. Und das mitten in der Großstadt.

Um es kurz zu machen: Wir bekamen die Wohnung. Was uns unter all den Mitbewerbern hervorhob, weiß ich nicht. Vielleicht spürte der Garten instinktiv, daß wir ihm guttun würden und gab dem Makler einen Tip.

Wir zogen ein und eroberten unser neues Reich: zwei Zimmer, zwei Wintergärten, Küche, Bad, Flur. Und Garten.

Wie erobert man einen Garten? Wir hatten uns beide noch nie um einen Garten kümmern müssen, immer die Früchte anderer Leute Gartenarbeit genossen. Was fängt man mit einem Garten an, wie macht man aus einer vernachlässigten Wildnis ein Idyll?

Wir begannen mit ganz einfachen Aufräumarbeiten. Der Bauschutt mußte weg, der Rasen gemäht werden. Wir kauften im Baumarkt einen elektrischen Rasenmäher samt Verlängerungsschnur und begannen zu mähen. Das kann jedes Kind. Aber der Rasenmäher verschluckte sich sofort und blieb mit einem widerlichen Geräusch stehen. Das Gras war schlicht und einfach zu lang für ihn. Es wickelte sich in Sekundenschnelle um das rotierende Messer. So ging's jedenfalls nicht. Wir waren ratlos. Wie anders als mit einem Rasenmäher kann man einen Rasen mähen?

Wir fuhren zurück in den Garten- und Bau-markt, durchforsteten das Angebot. Da gab es Sensen. Mit der Sense zu mähen, ist eine Kunst, das wußte ich. Keiner von uns hatte je eine Sense in der Hand gehabt. Wir kannten auch niemand, der sensen konnte. Es gab auch sogenannte Nylonfadenmäher: eine Stange mit einem dünnen Nylonfaden am unteren Ende. Der Faden rotiert und köpft die Halme. Dafür müssen die Halme aber aufrecht stehen. Unsere lagen flach-gedrückt am Boden.

Und es gab Rasenkantenscheren. Um 90 Grad abgewinkelte Scheren, die dazu gedacht sind, überall da ein paar Grashalme abzuschneiden, wo man mit dem Rasenmäher nicht hinkommt. Echt was für Spießer und Pedanten.

Wir kauften so eine Schere.

Der Eroberungsfeldzug begann. Unser Rasen bekam einen Individualschnitt. Sitzend und kniend schnitt ich jedes einzelne Grasbüschel auf 150 Quadratmetern. Stundenlang, tagelang. Mit der linken Hand hob ich die Grasbüschel an, mit der rechten Hand schnitt ich. Mein Rücken schmerzte, mein Unterarm schmerzte und am Abend zitterte meine rechte Hand so, daß ich kein Glas mehr halten konnte. Allein beim

Gedanken an diese Arbeit bekomme ich noch heute einen Muskelkater in der Hand.

Aber der Rasen bekam allmählich Fasson. Quadratmeter um Quadratmeter arbeitete ich mich vor. Müllsack um Müllsack voller Gras trug ich zum Kompost, nicht wissend, daß Gras so schwer verrottet, daß es fast nicht kompostierbar ist.

Irgendwann war ich fertig, völlig fertig. Dann verpaßte ich unserem Rasen noch einen Radikalschnitt mit dem Elektro-Rasenmäher, der jetzt surrend durch die kurzen Halme fuhr.

Dagegen war der Rest ein Kinderspiel. An ein paar kahlen Stellen wurde Grassamen nachgesät, die vertrockneten Überreste der Rhododendronblüten mußten herausgebrochen, die Pflaumenreste eingesammelt, das Unkraut gejätet werden. Berge von Laub rechten wir zusammen, die wilde Ranke wurde so tief wie möglich abgeschnitten und als der Trieb abgestorben war, entsorgt. Der Terrassenplatz wurde eifrig geschrubbt und zum ersten Mal in unserem Leben kauften wir Pflanzen ein.

Wir hatten keine Ahnung, was wir kaufen sollten. Also probierten wir dies und das: Gladiolen- und Sonnenblumensamen, Lavendel, Rosen,

einen Mandel- und einen Himbeerstrauch. Manches ging an, anderes ein. Manches gefiel uns, anderes hätten wir am liebsten nach ein paar Tagen wieder herausgerissen. Aus Respekt vor den Pflanzen ließen wir es trotzdem stehen, aber mangelnde Zuneigung und Fürsorge machten den ungeliebten Exemplaren über kurz oder lang doch den Garaus.

Als der Sommer kam, war unser Glück vollkommen. Mochten in der Wohnung überall noch die nackten Glühbirnen von der Decke hängen und die Bücher sich am Boden stapeln. Unser Garten war ein Paradies. Es war uns gelungen, die sleeping beauty wiederzuerwecken. Wir hatten uns das kleine Stückchen Erde mühsam erobert und uns dabei mit dem Gartenvirus angesteckt. Nie wieder würden wir ohne Garten leben wollen, der vielen Arbeit und dem gelegentlichen Frust zum Trotz.

Der Wunderhibiskus

Er kam wie ein Gentleman: mit Fahrer in Uniform. Der Wagen hatte eine Menge PS, und unser neuer Mitbewohner wurde sanft chauffiert. Zu Hause hatte er noch etwas zu trinken bekommen, und als er bei uns eintraf, war er in Bestform. Großgewachsen und trotz seines noch jugendlichen Alters schon von vielversprechender Statur. Er stammte sichtlich aus gutem Hause und machte einen äußerst gepflegten Eindruck. Aus ihm konnte wirklich einmal etwas werden. Das war nicht selbstverständlich, denn viele seiner Artgenossen, die man in der Stadt so sah, waren auf den ersten Blick ebenso schmuck und gutaussehend. Mit der Zeit wurde aber bei den meisten von ihnen deutlich, daß hinter der hübschen Fassade wenig echte Substanz steckte. Seine Familie stammte ursprünglich aus dem feuchtheißen Süden Chinas, war aber schon vor vielen Jahrhunderten nach England gekommen und hatte ihre Nachkommenschaft inzwischen über ganz Europa verstreut. Im Prinzip hatte man sich gut akklimatisiert, aber die trocken-kalten

europäischen Festlandswinter machten ihm und seinen Verwandten doch immer wieder zu schaffen. Wir nahmen uns jedenfalls vor, pfleglich mit ihm umzugehen und gut für ihn zu sorgen, schließlich war unser Hibiskus das Einzugsgeschenk eines guten Freundes.

Wir stellten ihn in einem großen Topf an ein Südfenster im Schlafzimmer und gossen ihn täglich. Er dankte es uns mit großen, roten Blüten und leuchtend grünen Blättern, und wir genossen seinen Anblick. Er schien wie geschaffen für uns, die wir von Zimmerpflanzen wenig Ahnung hatten, war er doch einfach zu handhaben, dankbar und trotzdem kein Mauerblümchen.

So ganz langsam aber veränderte er sich. Irgend etwas schien ihn zu stören. War es das direkte Sonnenlicht? War es der leichte Zug durchs einen Spalt breit geöffnete Fenster? Er wirkte schwächlicher, ein paar Blätter wurden gelb und fielen ab, er blühte seltener. Wer ihn nicht bei seiner Ankunft und in den Wochen danach gesehen hatte, dem fiel die Veränderung zuerst kaum auf, und auch wir brauchten eine Zeitlang, um zu merken, daß etwas mit ihm nicht stimmte. Er war immer noch eine stolze, schöne Pflanze, aber man konnte täglich deutlicher feststellen, daß es ihm nicht gut ging. Wir stellten ihn um, etwas weiter weg vom Fenster, wir drehten ihn etwas, staubten die Blätter ab, um ihm das Atmen zu erleichtern, und es ging ihm besser.

Und dann passierte es: Wir fuhren zwei Wochen in Urlaub und baten einen Freund, unseren Hibiskus zu gießen. Was wir nicht sagten, war, wie oft er Wasser brauchte. Als wir zurückkamen, hatte er schon die Hälfte seiner Blätter verloren, war nur noch ein kümmerlicher Schatten seiner selbst. Die restlichen Blätter waren saft- und kraftlos, hingen schlapp von den Ästen. Keine Knospen, keine Blüten waren zu sehen. Er war am Ende, und Petra wollte ihn schon aufgeben.

Etwas mußte geschehen, ich mußte mich um ihn kümmern, ihn wieder aufpäppeln. Zuerst duschte ich ihn und goß ihn kräftig, dann entschuldigte ich mich in aller Form bei ihm. Das ist wörtlich zu nehmen. Was Prinz Charles kann, kann ich schon lange. Warum soll man nicht mit Pflanzen reden? Und vielleicht können sie einen ja wirklich hören, vielleicht spüren sie so etwas wie Zuneigung und Sympathie in den akustischen Schwingungen? Außerdem vergibt man

sich ja nichts dabei: Sie widersprechen einem nicht, und die Nachbarn und Freunde, die einen für einen Spinner halten würden, können einem nicht dabei zuhören.

Ich sprach also mit unserem Hibiskus, erklärte ihm, warum wir ihn alleingelassen hatten, daß es uns leid täte, daß man ihn so vernachlässigt hatte. Daß wir uns bessern wollten. Daß er in Zukunft genug Wasser und Pflege bekommen würde. Ob er mir glaubte, weiß ich bis heute nicht. Er hat es uns logischerweise nicht gesagt, aber wir glaubten, Anzeichen der Besserung zu erkennen. So wie wir uns mit ihm Mühe gaben, gab er sich selbst auch Mühe und kämpfte, um wieder zu Kräften zu kommen.

Wenn er wieder ein gelbes Blatt zeigte, zupfte ich es sofort ab, damit er keine unnötige Kraft verschwendete. Die grünen Blätter polierte ich sorgfältig, ich topfte ihn um und machte mich schlau, was ich ihm sonst noch Gutes tun könnte. In irgendeiner Gartenzeitschrift las ich, daß manche Leute ihre Pflanzen mit Kaffeesatz düngen. Wir trinken keinen Kaffee, sondern Tee. Und ausgekochte Teeblätter wollte ich ihm dann doch nicht zumuten. Also schlossen wir einen Kompromiß. Unser Hibiskus durfte ab sofort mit uns frühstücken. Allmorgendlich goß ich ihn mit dem übriggebliebenen, abgekühlten Frühstückstee.

Der Erfolg war sensationell. Beinahe schlagartig ging es ihm besser. Er bekam neue zartgrüne Blättchen, die Triebe sprossen. An mehreren Stellen gleichzeitig bildeten sich Blüten, er wuchs und gedieh. Als wir im Sommer ein Foto aus dem Januar fanden, konnten wir es kaum glauben, daß darauf derselbe Hisbiskus zu sehen war, der jetzt kraftstrotzend vor uns stand und ein Dutzend Knospen gleichzeitig trug.

Und er wächst immer schneller. Inzwischen ist unser Wunderhibiskus über zwei Meter hoch und beansprucht eine Fläche von fast fünf Quadratmetern. Mehr und mehr verdrängt er uns aus dem Eßzimmer, drückt uns an die Wand. Wenn wir zum Abendessen einladen, haben statt früher sechs nur noch vier Gäste Platz, von denen sich unser Hibiskus stolz bewundern läßt.

Von der Eigenheit seiner Sippe, die sich auch Roseneibisch oder Chinarose nennt, Blüten nur von März bis Oktober zu bekommen, weiß er nichts. Das ganze Jahr über hat er ohne müde zu werden ständig mehrere Blüten. Wir kochen morgens nach wie vor ein paar Tassen Tee mehr

und finden ab und zu gute Worte für unser Sensi-
belchen. Von Zeit zu Zeit wird er etwas beschnitten, damit wir auch noch Platz im Zimmer
haben, und manchmal setzen wir ihn ein bißchen
auf Schonkost. Wenn wir nämlich einmal übers
Wochenende wegfahren und ihn ganz bewußt
zwei Tage lang nicht gießen. Ganz schnell werden dann wieder ein paar Blätter gelb und fallen
ab, aber irgendwie scheint er sich dabei ganz
wohl zu fühlen und uns die Zwangsdiät nicht
übelzunehmen. Binnen Tagen fängt er sich anschließend nämlich wieder und erstrahlt in neuer
Schönheit.

Ein neues Haus, ein neuer Garten

Welch ein Anblick! Durch die vermoderte Holztür des sogenannten Kaminzimmers spähten wir nach draußen in das, was bestimmt einmal ein hübscher Garten gewesen war. Eine Wüste war daraus geworden, allerdings eine ziemlich feuchte. Eine Wüste, die bald uns gehören sollte. Samt dem dazugehörigen Haus. Unserem Traumhaus. Farne, wohin das Auge schaute. Zierliche, feingliedrige, hellgrüne Farne, von Ausmaßen, wie man sie höchstens im mittelamerikanischen Regenwald erwartet hätte. Jedes Fleckchen feuchtschwarze Erde war mit Farnen bewachsen. Die Spinnen hatten ihre silbrigen Fäden zwischen ihnen gesponnen, Elfen mochten nachts auf ihnen seiltanzen. Und dazwischen ragte einsam ein mächtiger, sattgrüner Kirschlorbeer mit feisten Blättern fast drei Meter in die Höhe. Die frühere Beetumrandung aus grauen Steinen verworfen und schief, eine rostige Stange zum Teppichklopfen aus der Verankerung gerissen, die rosarote Hortensie struppig verwildert, der

Boden durchnäßt vom Stauwasser – nein, da konnte man sich beileibe keine zukünftige Idylle vorstellen.

Rechts und links ans Haus geklebt zwei winzige, halbverfallene Schuppen. Gemauert zwar, aber völlig marode und windschief. Der Regen leckte durchs Pappdach, drinnen roch es muffig und modrig. Aber wir fanden nicht nur ein paar alte, verrostete Gartengeräte und eine Leiter darin, sondern auch einen herrlichen, geflochtenen Liegestuhl wie aus der Kolonialzeit. Bestimmt hatte ihn die Vorbesitzerin, die einst Chefstewardess auf den großen Kreuzfahrtschiffen ihrer Zeit gewesen war, aus fernen Landen mit nach Hamburg gebracht und über ihre alten Tage im Schuppen vergessen.

Wann mochte sie, die mit 93 Jahren hier in diesem Haus gestorben war, zuletzt in diesem Stuhl, in diesem damals sicher noch idyllischen Garten gesessen haben? Als ihre Beine immer müder wurden und ihr die Treppe ins Gartengeschoß zu beschwerlich wurde, hatte sie bestimmt vom Eßzimmerfenster aus mit Trauer den langsamen Verfall ihres Gartens beobachtet. Sie hatte zugesehen, wie die Farne sich Jahr um Jahr breiter machten, weil durch die unbeschnittenen Kronen der Obstbäume nicht genug Licht in den Garten fiel, und nur der gelbglühende Goldregen, der bis in die Höhe des Küchenfensters ragte, mochte ihr noch manchmal eine vage Erinnerung an die einstige Pracht gewesen sein.

Und jetzt war dieser Garten ein verwahrlostes Fleckchen Erde inmitten all der gepflegten Gärten rundum. Noch nicht einmal ein Garten, den sich die Natur zurückerobert hatte, keine verwunschene, geheimnisvolle Märchenlandschaft mit lauschigen Eckchen, in denen man den Mond anhimmeln konnte, kein unordentliches, aber um so vielseitigeres spannendes Biotop, nein wahrlich ein Schandfleck, den man schon sehr genau ansehen mußte, um zu erkennen, welche Möglichkeiten sich da boten.

Und doch verliebten wir uns Knall auf Fall in diese knapp hundert Quadratmeter, die so viel Mühsal versprachen. Wir verliebten uns in die Birnbäume, weil es für mich kaum schönere Bäume gibt, wenn man von meinen heißgeliebten Birken vielleicht einmal absieht. Petra verliebte sich sogar in die Farne, deren Schönheit ich erst viel später wahrnahm. Damals waren sie für mich nicht mehr als lästiges Grünzeug, das den Garten füllte. Wir verliebten uns in den Goldregen, den

wir frevelhafterweise dennoch als erstes fällten, weil wir Angst um die Kinder hatten und er dem halben Gartengeschoß das Licht raubte. Und Petra verliebte sich in die Hortensie, die mich noch heute eher erschreckt, weil sie mich an Friedhöfe erinnert.

Über den Kirschlorbeer waren wir uns ganz schnell einig. Der erschien uns nur langweilig und grün. Und er nahm den halben Garten ein. Also mußte auch er dran glauben, denn wir hatten keinen Platz zu verschenken. Er wurde schlicht und einfach knapp über dem Boden abgesägt.

Wir hätten es ahnen können. Wer in solch einem Garten noch in voller Größe prunkt, ist so leicht nicht umzubringen. Um es vorwegzunehmen: Ein paar Monate später hatte er beinahe schon wieder seine volle Größe erreicht. Die Aktion schien für ihn geradezu ein Jungbrunnen gewesen zu sein. Wieder und wieder haben wir ihn seitdem beschnitten, immer wieder meldet er sich in voller Größe zurück. Ihn mitsamt den Wurzeln auszureißen, dazu haben wir keinen Mut mehr. Wer so stark ist und so ums Überleben kämpft, hat sich seinen Platz im Garten und ein kleines bißchen Zuneigung auch verdient.

Digitales Grün

Pläne sind eine schöne Sache. Auf dem Papier entsteht in Windeseile eine Oase, bei deren Anblick Vita Sackville-West neidisch geworden wäre und Jürgen Dahl der Mund offenstehen bliebe. Ein paar Striche hier, ein Farbklecks da und viel Phantasie, schon ist der Garten beinahe fertig. Wir baten jedenfalls einen richtigen Gartenplaner um einen Vorschlag, und bald darauf flatterte uns so ein Pergamentpapier mit ein paar hübschen Kreisen drauf ins Haus. Dazu der Vorschlag, einen von ihm angelegten Garten in der Nähe zu besichtigen. Als Referenz sozusagen.

Wir gingen hin, begrüßten die stolzen Besitzer – und sahen keinen Garten. Nur Pflastersteine. Ein schönes großes Grundstück, zu zwei Dritteln zugepflastert. Dazwischen ein paar Fleckchen Erde, auf denen sich mühsam einige Pflanzen festkrallten. Höflichkeitsfloskeln murmelnd flüchteten wir rückwärts.

Zu Hause holten wir die Visitenkarte des Künstlers hervor. Da stand es ja auch: »Gartenplanung, Erd- und Pflasterarbeiten«. Das

39

Schwergewicht seiner Arbeit hatte sich wohl eindeutig in eine Richtung verschoben.

Wir wollten einen Garten, keinen gepflasterten Hof. Wir besahen unser Trümmergrundstück, den Plan des Künstlers und viele Bücher. Der Haus- und Grundbesitzerverein versorgte uns mit einem Gartenplan-Set, einer Art Schnittmusterbogen für Kleingärtner. Da gab es eine Hollywood-Schaukel und einen Grillplatz zum Ausschneiden. Wir wollten keine Hollywood-Schaukel und keinen Grillplatz. Wir wollten eine kleine, lauschige Stadt-Oase. Einen Ort, um zur Ruhe zu kommen, etwas Natur zu spüren, zum Entspannen und Zurückziehen. Einen Platz der Sinne, der Farben und Gerüche. Beruhigendes Grün für die Augen. Nichts zum Angeben, nichts für den nachbarschaftlichen Konkurrenzkampf, nur etwas für uns.

Wir stritten uns heftig. Petra wollte eine Wiese mit Garten drumherum zum Sonnen und fürs häusliche Picknick. Mir erschien der Garten zu klein dafür. Eine Wiese braucht Platz. Ich gewann. Mein K.O.-Argument war, daß eine Wiese mehr Sonne braucht, als wir ihr hätten bieten können. Dagegen kann man nicht mehr argumentieren. Sonne kann man nicht kaufen.

Ich versuchte, ein Gefühl für den Ort und den Raum zu bekommen, und schön langsam wurde mir klar, daß ein halbwegs formaler Garten am besten passen würde. Er kommt mit wenig Platz aus und wirkt doch großzügig. Er erlaubt verschiedene Bereiche, man kann kurze Sichtachsen bilden, den Raum einteilen. Ich setzte mich an den Computer und spielte mit unserem zukünftigen Garten. Flugs läßt sich da mit ein paar Mausklicks ein Bauerngarten aufreißen. Hier das Wegkreuz, dort die Buchsbaumumrandungen, da der Brunnen, der Phlox hier ins Eck, der höhere Rittersporn dahinter, der niedrige Ziest davor, der Kräutergarten kommt gleich vors Haus, damit man auch bei Regen von der Küche nur ein paar Schritte hat und so weiter und so fort. Die Komposition gefällt nicht? Das Rosenbeet würde da rechts doch viel besser hinpassen? Bitteschön, kein Problem: Mit dem Mauszeiger anklicken, rüberziehen, ein bißchen größer geht's auch noch. Wie bitte? Ein Platz für Tisch und Stühle zum Sonntagnachmittagskaffeeklatsch wird dringend nachgefragt? Na gut, dann muß eben ein Rhododendron dran glauben. Sind ja bis jetzt alles nur Bits und Bytes.

Vermutlich geht das alles noch einfacher, weil

es längst irgendwo auf der Welt ein digitales Gartenplan-Programm gibt, in dem Margeriten, Königskerzen, Ehrenpreis, Sonnenblumen oder Mohn alle ihre eigenen Symbole haben. Da gibt man dann die Standortdaten (»Halbschatten, windgeschützt, leicht lehmiger Boden«), Gartengröße, das Finanz-, und Zeitbudget ein, und Mr. Gates und Co. empfehlen einem dann die passenden Pflanzen und zaubern aus ihrem digitalen Schatzkästchen auf Knopfdruck das Paradies.

Und wenn man dann ein automatisches Gießsystem anschließt, wird das auch noch vom selben Programm gesteuert. Nur zum Unkrautjäten kommen die Computerfexe leider nicht vorbei.

Ich produzierte jedenfalls im Sauseschritt einen nahezu perfekt ausgeklügelten Garten mit starker Anlehnung an einen klassischen Bauerngarten, auch wenn beispielsweise die Nutzpflanzen den beengten Platzverhältnissen zum Opfer fielen. Den Kohlköpfen, so ästhetisch sie auch sein mögen, zog ich dann doch zwei Beete voller Rosen vor.

Von Säbelfechtern und Juristen

Ein Garten verschafft einem eine gehörige Portion Befriedigung, wenn alles so wächst und gedeiht, wie man sich das vorgestellt hat. Es gibt einem Ruhe und Gelassenheit, wenn man sich im Liegestuhl zurücklehnt, zusieht, wie der Phlox sich im Wind wiegt, wie die Zitronenfalter und Tagpfauenaugen den lila Schmetterlingsstrauch umschwirren, wie die Hummeln an den Blüten des Ehrenpreis naschen, und sogar wenn sich die Amseln an den Johannisbeeren gütlich tun, kann man dem noch etwas Gutes abgewinnen. Es ist ohnehin einfacher, die Johannisbeeren auf dem Markt zu kaufen. Gartenarbeit ist lustvolle Arbeit, macht Spaß, ist gesund (wie man am Muskelkater merkt) und entfernt einen von der seltsamen Welt da draußen, der schnöden Jagd nach dem Mammon. Man wird im wahrsten Sinne des Wortes neu geerdet.

Ich halte allerdings viel davon, wenn sich körperliche Anstrengungen in einem gewissen Rahmen halten. Und wenn ich mir unsere feuchte Moorlandschaft voller Steine und Farne so

anschaute, sah das nach verdammt viel harter körperlicher Arbeit aus. Da konnte man nicht einfach den Plan aus dem Computer in die Hand nehmen und hier einen Jasmin oder dort die Rhododendren setzen. In diesem Garten war Grundsätzliches vonnöten. Der ganze Garten mußte umgegraben, die Erde gesiebt, der größte Teil der Farne samt Wurzeln entfernt werden, bevor auch nur die erste neue Pflanze gesetzt werden konnte.

Was macht man, wenn es Anstrengendes zu tun gibt? Man ruft den Studentenschnelldienst an, meine Geheimwaffe für solche Zwecke. Soll ich mir alleine das Kreuz verheben, soll nur ich mich dünnschwitzen? Nein, da gibt es genug Helfer, die froh sind, sich ein paar Mark zu verdienen. Um so lieber, wenn es nicht darum geht, unangenehme Drecksarbeit zu verrichten, sondern in der freien Natur Kreatives zu leisten.

Ich orderte zwei kräftige junge Männer, möglichst mit etwas Erfahrung in Gartenarbeiten, und am nächsten Tag gegen neun Uhr morgens klingelte es an der Tür. Davor stand ein lächelnder, kleiner, etwas untersetzter Chinese in seinen besten Kleidern: frischgeputzte Schuhe, eine dunkle Hose mit exakter Bügelfalte, ein strahlend-weißes Hemd und eine helle Weste darüber. In der Hand hielt er ein Paar nagelneuer Gartenhandschuhe.

»Fang«, stellte er sich in bestem Hochdeutsch vor, »ich soll Ihnen im Garten helfen.« Im gleichen Moment tauchte hinter ihm ein schmächtiges, aber sehniges Kerlchen mit langen, braunen Locken in knallengen Jeans und ärmellosem T-Shirt auf. Seinen muskulösen Oberarmen nach ein kleines Kraftpaket: »Andy«, sagte er in kehligem Deutsch, »was gibt's zu tun?«

Oh, es gab genug zu tun. Ich hatte zwei nagelneue Spaten gekauft, ein großes Sieb für die Erde, allerlei andere Gartengeräte, Handschuhe und viel zu trinken. Arbeit macht durstig.

Fang, so stellte sich heraus, war tatsächlich Chinese, Rotchinese aus Peking. Er war fertiger Jurist mit Doktortitel, der in Hamburg ein Aufbaustudium in Internationalem Recht absolvierte. Einen Spaten hatte er noch nie in der Hand gehabt und Gärten kannte er nur vom Spazierengehen.

Sein drahtiger Kollege Andy kam aus Polen und studierte Sport. Das hörte sich gut an und paßte zu den kräftigen Oberarmen. Er war spezialisiert auf Säbelfechten. Das hätte mich stut-

zig machen sollen, denn Fechten ist nicht unbedingt eine Ausdauersportart, dabei kommt es vielmehr auf schnelle Reaktion und ein geschwindes Auge an. Außerdem war Andy, der Fechter, noch absoluter Heavy-Metal-Fan. Und von Gartenarbeit hatte er natürlich auch nicht die geringste Ahnung. »Aber das kriegen wir schon hin«, klang es sportlich selbstbewußt.

Als sie den Garten und die Spaten sahen, kam es mir so vor, als ob beide etwas blaß würden. Jedenfalls brauchten sie erst einmal einen Schluck Mineralwasser. Dann zog Fang tapfer seine schöne Weste aus und packte sich einen Spaten, Andy tat es ihm nach.

Dafür, daß beide noch nie einen Garten umgegraben hatten, zeigten sie sich recht anstellig. Jeder hatte seine eigene Technik. Während Fang ganz systematisch Quadratmeter um Quadratmeter bearbeitete, stetig und konzentriert schaufelte, legte Andy einen kurzen Spurt nach dem anderen hin und machte zwischendrin immer wieder schnell Pause. Ständig hatte er neue Ideen, was man jetzt machen könnte, diskutierte, wo man die Erde, die für die Rhododendren ausgehoben wurde, lagern, wie man leichter sieben könnte und was weiß ich noch alles. Währenddessen hatte Fang still vor sich hin schwitzend schon wieder ein paar Quadratmeter umgegraben.

Zu guter Letzt hatte der Herr Jurist bestimmt zwei Drittel der Arbeit gemacht und wirkte noch erstaunlich frisch, während der sportliche Fechter ermattet in den Seilen hing. Trotzdem war am Abend des ersten Tages der gesamte Garten von unten nach oben gewendet, die Steine waren aussortiert, die alten zerbrochenen Wegumrandungen aufgestapelt und der größte Teil der Farne, deren Wurzeln sich zum Teil bis zu einem Meter tief als dichtes Geflecht in den Boden gegraben hatten, herausgerissen. Der ganze Garten war eine einzige gleichmäßige Fläche lockerer, brauner Erde. Er sah aus wie ein weißes Blatt Papier, das darauf wartete, beschrieben zu werden.

Am nächsten Morgen waren Jurist und Fechter wieder pünktlich zur Stelle. Mit einer gewellten grünen Rasenkante aus Plastik versuchten wir dem Garten die Form zu geben, die er laut meines Computerplans haben sollte. Das Rondell in der Mitte, der kleine Platz zum Sitzen, die Nische für den irgendwann geplanten Brunnen, den Weg zum Wasserhahn, die Rosenbeete. Die

Fläche wurde eingeteilt und unterteilt, eine Form zeichnete sich ab, Räume wurden sichtbar. Und siehe da, die Proportionen stimmten weitgehend. Das Rondell mußte etwas kleiner werden, der Weg drumherum etwas breiter, aber im großen und ganzen paßte der Plan.

Dann lieh ich mir von unserem Maurer einen Lieferwagen, und wir fuhren zur Baustoffhandlung, Zement und fast zwei Tonnen Kies kaufen. Zwei Stunden lang schleppten wir anschließend zu dritt (schließlich konnte ich nicht immer nur wie ein Südstaaten-Sklavenhalter den beiden bei ihrer Schwerarbeit zuschauen) 50-Kilo-Plastiksäcke voll Kies durchs Gartengeschoß.

Zementiert hatte noch keiner von uns. Weder Journalisten noch polnische Säbelfechter oder chinesische Juristen werden darin ausgebildet. Aber die Wege brauchten eine dünne Zementschicht, die zum einen verhindern sollte, daß sich Unkraut und Gras den Weg durch den Kies bahnen konnten und zum anderen den kleinen Steinchen den Weg nach unten versperrte. Also mischten wir Wasser, Zement und Sand und taten unser Bestes. Wahrscheinlich waren wir etwas zu ungeduldig, anschließend den Kies darauf zu verteilen. Jedenfalls hielt die Zementschicht nicht, was ich mir von ihr versprochen hatte, und in den folgenden Jahren wurde die Kiesschicht immer dünner und das Unkraut auf den Wegen immer mehr.

Sei es, wie es sei. Nach zwei harten Tagen hatten meine beiden unerfahrenen Studenten einen wunderschönen Garten in perfekter Form, wenn auch noch ohne Pflanzen, angelegt. Voller Stolz bewunderten sie ihr Werk und konnten es kaum glauben, daß 48 Stunden vorher dort noch eine Wüste gewesen war. Aus einem Heavy-Metal-Freak und einem nüchternen Doktor der Jurisprudenz waren zwei engagierte Hobbygärtner geworden.

Im Garten-Wunderland

Wenn man einen neuen Garten hat, hat man damit ja noch nicht automatisch eine Menge Pflanzen. Wir besaßen nichts weiter als einen umgegrabenen Mini-Acker mit ein paar Birnbäumen, dem aus dem Wurzelrest wiedererstehenden Kirschlorbeer und der Hortensie darin. Sonst gab es nur satte braune Bodenkrume, Freiraum für die Phantasie, die allenfalls durch den Gartenplan aus dem Computer gezügelt wurde. Aber auch darin war nicht festgelegt, welche Pflanzen wir kaufen wollten, welche Rosensorten in Frage kamen, welche Farbe die Rhododendren haben sollten.

Wir begannen Kataloge und Gartenbücher zu wälzen, notierten bemerkenswerte Gattungen, merkten uns besonders attraktive Sorten und versuchten, uns unseren Garten in voller Blüte vorzustellen.

Unbelastet von Vorgaben, nur mit einer ungeordneten Menge von phantastischen Ideen im Kopf, konnten wir uns in die Pflanzenhandlung aufmachen, um uns dort auszutoben wie kleine

Kinder im Spielzeugladen. Unser Spielzeugladen hieß Pflanzen-Körner und lag ein kleines Stückchen nördlich der Stadt. Die Auswahl, die wir dort vorfanden, überwältigte uns.

Wir streunten durch die Anlage, stießen spitze Schreie aus, feuerten uns an: »Schau mal hier, ist das nicht irre?!« – »Wahnsinn, diese Farbe!« – »Und das hier hat so wunderschöne Blüten.« – »Aber die hier ist doch ganz was Besonderes.« Wie verliebte Teenager stolperten wir durchs Gelände, ziellos, planlos, ratlos, aber glücklich.

In unserem Überschwang stellten wir kleine schwarze Plastiktöpfe mit unscheinbaren Pflänzchen, aber imponierenden Fotos auf den beigesteckten Karten, in unseren Einkaufswagen und luden sie zwei Minuten später wieder aus, weil wir eine noch viel, viel interessantere Sorte entdeckt hatten, wir hievten kleine Bäumchen auf den Wagen, bis wir entdeckten, daß sie in ausgewachsenem Zustand viel zu hoch werden würden, wir beluden uns mit Obststräuchern, bis wir lasen, daß sie besonders viel Sonne brauchten. Und wir nahmen viel zu viel von allem, mehr als wir je in unserem Garten würden unterbringen können. Ganz zu schweigen davon, daß wir das alles nie ins Auto hätten packen können.

Zu guter Letzt luden wir alles wieder ab, der Verzweiflung nahe und mit Bauchschmerzen, wie jemand, der zuviel Schokoladeneis gegessen hat. Wir brauchten einen fachmännischen Ratgeber. Den fanden wir in Gestalt eines freundlichen, jungen Gärtners: braungebrannt, in Jeans, festen Schuhen und Pullover, ein Funkgerät am Gürtel, mit dem er auch im hintersten Teil des Areals erreichbar war.

Ihm präsentierten wir unseren Computerplan, beschrieben ihm die Konsistenz unserer Erde und den Verlauf der Sonne, und wir zeigten ihm ein Foto des Gartens vor dem Umgraben. Ruhig und ohne jede Experten-Arroganz erklärte er uns, welche Pflanzen in unserem Garten eine gute Chance hätten und welche von vorneherein mangels Sonneneinstrahlung oder wegen falscher Bodenbeschaffenheit zum Eingehen verdammt wären. Zusammen mit ihm gingen wir ganz systematisch durch die Gärtnerei, er erläuterte uns, welche Pflanzen miteinander harmonieren, welche Stauden sich in ihrer Höhe gut ergänzen würden.

Unser Helfer notierte sorgfältig die Bestellung. Zusammen mit ihm suchten wir »unsere« Rhododendren aus, die er mit einem gelben Band markierte und für uns reservierte. Zwei Johannisbeer-Halbstämme bekamen ein solches Band, ebenso ein Jasminstrauch, eine spätblühende blaue Bartblume, ein chinesischer Sommerflieder und eine Zaubernuß, ein Strauch, der schon im Januar einen gelben Hauch von Frühling in den Garten bringen würde. So langsam nahm der Garten in unserem Kopf Gestalt an. Das Chaos begann sich zu lichten, Ordnung einzukehren.

Zuletzt gingen wir zu den Rosen ins Kühlhaus. Zu Wurzelbündeln geschnürt lagen *Bayerngold* und *Bella Rosa*, *Champion* und *Virgo*, *Lilli Marleen* und *Gloria Dei*, *Holsteinperle* und *Yesterday*, *Uwe Seeler* und *The Queen Elizabeth*, *Schneeflocke* und *Shocking Blue* in den deckenhohen Regalen. Alles nichts als Wurzeln mit ein paar Trieben daran. Die einen etwas kräftiger, die anderen etwas verzweigter, manche mit einem Stich ins Grüne, andere fast schwarz, waren sie einerseits verschieden und andererseits einander doch zum Verwechseln ähnlich. Nichts deutete daraufhin, wie sie dereinst blühen würden: sanftrosa, lachsfarben, schneeweiß oder dunkelrot. Buschig oder als Solitäre, nur für eine kurze,

verschwenderische Blüte im Jahr oder vom Früh-
sommer bis zum Spätherbst immer wieder neu
erblühend. Bunte Fotos und knappe Be-
schreibungen kündeten verheißungsvoll von duf-
tenden Blütenträumen. Dem guten Ratgeber fol-
gend, entschieden wir uns für *Lavaglut*, eine
»Beetrose, mittelgroß, ganz gefüllt, leuchtend
dunkelblutrot, Belaubung dunkelgrün, Höhe
60 cm«, fünf Stück pro Quadratmeter, das Stück
für 7,80 Mark.

Wir zahlten die Rechnung und fuhren ohne
eine einzige Pflanze nach Hause, alles würde am
übernächsten Tag geliefert werden. Wir waren
zufrieden und verunsichert zugleich, voller
Spannung und Vorfreude. Wie würde sich das,
was da alles auf dem Bestellzettel stand, in unserem Garten machen, wie würde es zusammenpas-
sen, sich ergänzen? Würden die Rosen halten
können, was das Foto und der Rosenmann versprochen hatten? Würde der Jasmin wirklich so
verlockend duften, würden die Johannisbeeren
tatsächlich so üppig tragen?

Von der Wüste zum Schlachtfeld

Die Pflanzen kamen gleichzeitig mit Fang, dem bereits bekannten chinesischen Juristen. Ich hatte ihn angerufen, ob er Zeit und Lust habe, mir beim Pflanzen zu helfen. Er hatte sich beim Anlegen des Gartens geschickt und fleißig gezeigt, und irgendwie hatte ich das Gefühl, er könnte etwas von der asiatischen Art, mit Pflanzen und Gärten umzugehen, in seinen Adern haben.

Er hatte. Präzise und mit Bedacht setzte er ein zartes Buchsbaumpflänzchen neben das andere, sorgsam mischte er Torf und Erde für die Rhododendren, behutsam wässerte er die Wurzelballen. Mit wahrer Hingabe pflanzte er den Rittersporn, während ich die Rosen erst einmal für 24 Stunden ins Wasser stellte, damit sich die Wurzeln ordentlich vollsogen.

Fang, diesmal immerhin in Jeans erschienen, ging mit den Pflanzen um, als wären es seine Kinder. Stundenlang hockte er am Boden und tat seine Arbeit. Bei alledem verlor er nie die Ruhe und Gelassenheit, schien nie müde zu werden. Fast hatte ich den Eindruck, als wäre er froh, seinen Büchern entronnen zu sein und etwas vom wahren Leben wiedergefunden zu haben. Dabei zeigte er keine großen Gefühlsregungen, keine Freude, wenn etwas besonders gelungen war, und doch strahlte er eine tiefe Zufriedenheit mit seinem Werk aus. Irgendwie schien er ein natürliches Talent zu haben, Dingen eine innere Ordnung zu geben. Was er anordnete und pflanzte, hatte Harmonie. Die Abstände stimmten, es war ein natürliches Gefüge, das sich da in seiner Obhut entwickelte.

Die schweren Arbeiten verrichteten wir gemeinsam, ansonsten hatte jeder sein Eckchen, in dem er sich mühte. Stetig, ja fast stur arbeitete Fang vor sich hin. Zu Pausen mußte ich ihn beinahe nötigen. Ein paar Schlucke Wasser, dann wollte er schon wieder weitermachen.

Es ist erstaunlich, wie schnell aus einer Wüste ein gepflegter Ort werden, in welch kurzer Zeit man so einen leeren Garten füllen kann. Innerhalb von ein paar Stunden hatte er ein Gesicht erhalten, seine Struktur trat deutlich hervor. Natürlich blühte noch nichts, aber das frische Grün enfaltete schon seine Wirkung. Alles sah so aufgeräumt, so ordentlich und doch schon so lebendig aus. Der fast weiße Kies stach einem in die Augen, die Hortensie beherrschte das Rondell – es war die reine Freude.

In den nächsten Tagen füllten wir die Lücken. Jeden zweiten Tag fuhren wir zu Pflanzen-Körner, holten noch ein Dutzend Nachtkerzen, ein paar Purpurglöckchen und einige Tüten Steinkraut. Und als uns ein besonders schöner, herrlich riechender Duftschneeballstrauch ins Auge stach, bekam auch der noch Asyl.

Natürlich machten wir den Fehler, den alle unerfahrenen Gärtner machen. Wir pflanzten viel zu viel und viel zu eng. Wo immer etwas Erde zwischen dem Grün durchschimmerte, nutzten wir den Platz für eine Neuanpflanzung. Anfangs notierten wir noch penibel, was wo hin kam, später ließ diese Sorgsamkeit leider etwas nach, und noch heute sind wir manchmal doch recht überrascht, was im Frühjahr wo erscheint.

Die Überfülle in unserem Garten forderte bald ihren Tribut. Schon nach zwei Jahren wuchs uns der Garten buchstäblich über den Kopf. Die Pflanzen sind sehr viel schneller sehr viel größer geworden, als wir uns das vorgestellt hatten. Der Schmetterlingsstrauch kriegte sich mit dem Flieder in die Wolle. Die Zaubernuß und die Bartblume drohten, sich zu einem unentwirrbaren Dickicht zu vereinen. Der chinesische Sommerflieder überwucherte den ganzen Weg und mußte in den Vorgarten ausgesiedelt werden, und der Jasmin legte sich mit den Rhododendren an.

Der Kampf um Licht und Platz hatte von der ersten Minute an begonnen und schon bald ließen sich erste Sieger und Verlierer ausmachen. Unser Garten wurde zum Schlachtfeld. Und meine Frau, harmoniesüchtig wie sie ist, begann schnell in das natürliche Geschehen einzugreifen. Bis heute wird umgepflanzt, zusammengeschnitten und ausgedünnt, was das Zeug hält. Freunde, die über mehr als einen Quadratmeter Garten verfügen, werden mit Stecklingen, geteilten oder ganzen Pflanzen aus unserem (fast) tropisch wuchernden Garten beglückt. Mit Kartons und Tüten voller Grünzeug beladen, verlassen sie unser Haus und berichten später begeistert, welche Fortschritte unsere Pflanzen in ihren Gärten machen.

Und wir sind froh, wieder ein halbwegs freies Eckchen Garten zu haben. Meist allerdings nicht lange. Statt den Pflanzen etwas mehr Luft zu lassen, damit sie sich ungestört entfalten können,

entdecken wir irgendwo wieder eine ganz besonders schöne Spezies, die wir leider unbedingt
haben müssen. Aber wohin damit? »Na ja, du
weißt doch, da wo wir neulich die Dahlie für Gitti
ausgegraben haben, da müßte doch noch ein
Eckchen frei sein ...«

Alte Rosenträume

Als wir unseren Garten planten, reservierten wir zwei Beete für Rosen. Rosen erschienen uns durchaus nicht spießig, sondern vielmehr als edle Krönung unseres Gartens, von der wir uns zudem betörende Düfte versprachen. Von Rosen hatten wir zu diesem Zeitpunkt nicht die geringste Ahnung. Wir wußten von Rosen nicht viel mehr, als daß es die Blumen waren, die uns mit den Worten »Scheene Rosen für scheene Frau« abends im Restaurant offeriert wurden, ein Angebot, das wir meist mit dem perfiden Hinweis »Danke, wir trennen uns gerade« ablehnten.

Ansonsten wußten wir, daß es kurze und langstielige, rote, gelbe und weiße Rosen gibt. Beim Rosenkauf waren wir denn auch völlig auf den Rat des Rosenexperten angewiesen und hatten uns für eine sehr dunkle Beetrose namens *Lavaglut* entschieden. Sie entwickelte sich prächtig, blühte den ganzen Sommer lang und war so lange die helle Freude, bis sich Blattläuse an ihr gütlich zu tun begannen.

Plötzlich waren die Blüten und Knospen voller kleiner grüner Läuse, die sich nicht so einfach verscheuchen ließen. In den zahlreichen Gartenratgebern, die sich inzwischen bei uns angesammelt hatten, standen die verschiedensten Tips, wie man die Tierchen los wird, ohne gleich den Garten mit Chemikalien zu vergiften. Die Behandlung mit Seifenlauge zeigte keine größere Wirkung, wahrscheinlich baden auch Blattläuse ab und zu ganz gerne. Das einfache Abstreifen von Hand ist zwar erstaunlich effektiv, aber nicht sonderlich angenehm für den Gärtner und für die Rose, denn man beschädigt dabei immer wieder einzelne kleine Zweige und Blätter.

Blieb die dritte Möglichkeit, die der Nikotinvergiftung. Was bei Rauchern hilft, funktioniert auch bei Blattläusen. Allerdings ist es schwierig, Blattläusen das Rauchen anzugewöhnen. Deshalb mußte ich ein Päckchen Tabak besorgen, aus dem meine Frau wie eine Giftmischerin im Mittelalter einen gar tödlichen Sud kochte, hochkonzentrierte Nikotinbrühe, die sie regelmäßig auf die lieben Tierchen sprühte. Und siehe da, es klappte. Nach einiger Zeit waren die Läuse verschwunden.

Was uns mehr zu schaffen machte, waren die

Bakterien, die die zu dicht gepflanzten Rosen befielen. Einzelne Blätter verfärbten sich gelb mit einem schwarzbraunen Fleck in der Mitte, manche fielen ganz ab. Die Diagnose »Schwarzfleckigkeit« verhieß nichts Gutes. Denn bei dieser Krankheit helfen nur zwei Dinge: Chemie und radikales Entfernen der befallenen Blätter. Die Chemie stinkt, und man möchte lieber nicht zu genau wissen, was drinsteckt. Wenn man den Sprühnebel einatmet, schmeckt es ganz bitter auf der Zunge und hypochondrisch veranlagte Gärtner sehen sich schon selbst vergiftet.

Bleibt das Entfernen der infizierten Blätter. Sorgsam zupften wir sie ab und paßten auch auf, daß keines von ihnen zwischen den Pflanzen am Boden liegen blieb, damit sich die Krankheit nicht weiter ausbreitete. Bald sahen die Rosen aus wie Streichhölzer: lange dornige Stiele mit einem roten Kopf drauf. Die Pracht war für dieses Jahr dahin, erst in der nächsten Saison, als wir das Rosengestrüpp etwas gelichtet hatten und die Rosen auch nicht mehr spätabends und nur an den Wurzeln gossen, bekamen wir den Bakterienbefall in den Griff.

Die große Rosenkrise kam aber nicht durch die Empfindlichkeit der *Lavaglut*, sondern durch ein

Buch: Meine Frau entdeckte David Austins ›Alte und englische Rosen‹ (DuMont Buchverlag, Köln 1993). David Austin, selbst einer der erfolgreichsten Rosenzüchter der Welt, machte ihr klar, welche grundsätzlichen Unterschiede es bei Rosen gibt.

Anders als bei den modernen Teehybriden (Edelrosen) und Floribunda-Beetrosen handelt es sich bei den Alten, schon seit dem Beginn der Zivilisation im Mittleren Osten bekannten Rosen um Strauchrosen. Sie waren bis zum Ende des 19. Jahrhunderts vorherrschend. Alte Rosen können gefüllt oder halbgefüllt sein, haben geöffnete Blüten, duften sehr stark und haben nur einen entscheidenden Nachteil: Sie blühen nur einmal im Jahr. Um die Jahrhundertwende kamen neue Kreuzungen Alter Rosen mit drei Wildrosenarten auf. Diese modernen Rosen blühen öfter, zum Teil bis spät in den Herbst hinein, haben strahlende, leuchtende Farben, denen freilich einiges von der Eleganz der Farbpalette Alter Rosen abgeht, und duften nur noch schwach oder überhaupt nicht mehr.

David Austins Verdienst ist es, die Vorteile der Alten mit denen der modernen Rosen verbunden zu haben. Seine »Englische Rosen« genannten

Kreuzungen haben ein breites Farbspektrum, duften, blühen mehrmals im Jahr und haben geöffnete oder rosettenförmige Blüten.

Von dem Moment an, da wir um diese Unterschiede wußten, sahen wir unsere *Lavaglut* mit neuen Augen an, war sie doch eine jener schnöden, modernen Floribunda-Züchtungen. Praktisch und hübsch, aber mit unserem neuerworbenen Wissen hatte sie ihre Klasse verloren. Sie erschien uns als etwas Künstliches, als Plastikgeschöpf, ein Produkt der Neuzeit, dem man den wahren Rosen-Charakter ausgetrieben hatte.

Wir begannen, nach Alten Rosen zu suchen, und wir fanden einige. Erst da wurde uns die wahre Schönheit von Rosen bewußt. Der Duft, den diese verströmten, verdrehte einem den Kopf. Die Blüten, vielfach gefältelt, hauchzart und mit Farbschattierungen, wie sie kein noch so begabter Maler je herbeizaubern könnte. Selbst wenn sie im Verwelken begriffen waren oder gerade dann, übten sie eine wunderbare Faszination aus. Natürlich erwarben wir einige dieser Alten Rosen und auch einige Englische Rosen namens *Ambridge Rose* oder *Abraham Darby*, die bald überall dort im Garten auftauchten, wo sie nach meinem strengen Gartenplan ganz und gar nicht hingehörten. Aber irgendwie besänftigte ihre Schönheit meinen Ordnungssinn immer wieder.

Die *Lavaglut* durfte bislang bleiben. Denn ihre angezüchteten Vorzüge sind – wenn man ehrlich ist – ja auch nicht ganz zu verachten. Wenn ein heftiger Platzregen niedergeht, schüttelt sich die *Lavaglut* nur, während einige ihrer zarten älteren Schwestern die Blütenblätter fallen lassen und nackt und entblößt dastehen. Und so prächtig die Alten Rosen auch blühen, der Genuß ist schnell vorbei, und dann muß man wieder ein ganzes Jahr lang warten.

Der Praktiker

Unser Freund Michael wollte zurück in seine Heimat Berlin. Der Vater war gestorben, die Mutter in der Großstadt einsam. Michael hatte inzwischen eine Frau samt eines gemeinsamen Kindes und vor allem: Die Mauer war gefallen, Berlin eine offene Stadt, die bald Hauptstadt werden sollte. Der richtige Zeitpunkt also, um dem langweilig gewordenen München den Rücken zu kehren. Beruflich war's egal, denn Michael war eh immer unterwegs. Und so sollte nach der Schwabinger Drei-Männer-WG und der Kleinfamilien-Altbauwohnung das eigene Heim folgen.

Keine leichte Aufgabe im Berlin des Einheitsrauschs: Brachflächen entlang der früheren Mauer waren plötzlich Millionen wert, die Stadt hatte wieder ihr Hinterland, die Spekulanten sahen ihre Chancen und verdoppelten erst einmal die Preise. Aber Michael ließ sich nicht schrecken. Er war ja Münchner Preise gewohnt, und er verdiente gut. Er besah sich diesen Neubau, jene renovierungsbedürftige Villa und so manches Baugrundstück.

Der Neubau war stilloser Einheitsbrei, die Villa eine Ruine und das Grundstück chemieverseucht. Und die Preise kletterten weiter nach oben. Dann stieß er auf die Anzeige: »Einfamilienhaus in Zehlendorf, ren.-bed., 240 qm Wfl., Grundstück 1600 qm, z. verk., Chiffre 4-386«. Ein Preis stand auch noch da, aber darüber wollen wir schweigen. Wie gesagt, Berlin boomte.

Anschauen kann nicht schaden, dachte Michael und fuhr hin. Das Haus war wieder einmal eine bessere Ruine, aber das Grundstück war ein Traum. Es lag nach Südosten, hatte wunderschöne Proportionen, grenzte auf drei Seiten an andere Traumgrundstücke und war ein wahrlich verwunschenes Fleckchen Erde mitten in der Großstadt.

Das Schönste waren fast zwei Dutzend knorriger, alter Obstbäume, die es zu einer kleinen Plantage machten. Keine blöden Koniferen wie Tannen und Kiefern, die dem Garten Platz und Licht nahmen, sondern luftige, duftige Obstbäume mit einer grünen Krone, die Schatten spendeten und Schutz gaben und Räume im Garten schufen. Was würde es für ein Genuß sein, im Sommer auf einer Decke unterm eigenen Apfelbaum zu sitzen, mit den Kindern (das zweite war unterwegs) zu spielen, Picknick zu machen und den Herrgott einen guten Mann sein zu lassen.

Im Frühjahr würden die weißen Blüten übers Gras tanzen, und im Sommer würde Michael sich einen Obstpflücker kaufen. Keines von diesen blau-orangen Systemteilen aus dem Gartenmarkt, sondern den aus dem Manufactum-Katalog (»Es gibt sie noch, die guten Dinge« – Sie wissen schon). Einen Obstpflücker aus verzinktem Stahl mit einem Extragreifer, mit dem man auch schwer erreichbare Früchte ernten konnte. Und damit würden sie sich die Äpfel aus dem blauen Berliner Himmel holen. Körbeweise würden sie Äpfel einsammeln, es würde wochenlang Apfelmus geben, Laura würde Apfelkuchen backen und von ihrer Mutter lernen, wie man Kompott einmacht.

Alle Freunde würden sie mit Äpfeln beschenken und mit Kirschen. Denn Michael würde auch mit einer Leiter in die Kirschbäume steigen und sich bei der Ernte so viele dicke, pralle, dunkelrote Kirschen in den Mund stecken, daß er Bauchweh bekäme. Und doch wäre er glücklich, und Laura auch, und die Kinder, und die beschenkten Freunde, und die Bienen, und die Wespen, und überhaupt.

Michael kaufte das Grundstück und das marode Haus. Aber eigentlich kaufte er die Obstbäume. Der Architekt kam, sah das Haus und kratzte sich am Kinn. Der Umbau würde nicht nur viel Geld kosten, sondern es würde auch dauern, bis der Umzug nach Berlin stattfinden konnte. Als Michael das nächste Mal in die Stadt kam, bestellte er einen Gärtner, den ihm die Nachbarn empfohlen hatten. Einen praktisch veranlagten Menschen, der hinlangen konnte, wie sie sagten. Zusammen sahen sie sich das Grundstück an. Hier schlug der Mann mit den grünen Händen ein Staudenbeet vor und dort einen Laubengang, da ein Rosenspalier und dort könnte doch der Sandkasten für die Kinder Platz finden. Gerne würde er Planung und Ausführung übernehmen, er sei schließlich Praktiker. Über die Obstbäume redeten sie nicht. Für den Schnitt war es nicht die richtige Jahreszeit, soviel wußte Michael auch, und sonst gab es da ja nichts zu besprechen.

Ein paar Wochen vergingen. Michael hatte in München zu tun. Und in Köln. Und in Frankfurt. Und in London. Und in Stuttgart. Nur nicht in Berlin. Doch dann kam die Chance. Zusammen mit Laura flog er nach Nordosten, dem Haus, dem Garten und den Obstbäumen entgegen.

Den Obstbäumen? Welchen Obstbäumen? Das war doch ihr Grundstück! Die Adresse stimmte, das Haus stimmte, aber da waren keine Obstbäume. Nur Gras, hohes Gras, war zu sehen. Und darin versteckten sich die traurigen Wurzelstümpfe ihrer Apfel- und Kirschbäume. Der Praktiker hatte sie gefällt, einen nach dem anderen. Alt seien sie gewesen, sagte er ganz ohne Schuldbewußtsein. Ausgelaugt, und sie hätten doch nicht mehr getragen. Der Schnitt wäre genauso teuer gekommen wie die Fällaktion, und so hätten sie doch eine schöne große Rasenfläche. Die sei auch viel einfacher zu mähen. Das sei einfach praktischer, meinte der Praktiker.

Birnenflut und Birnenwut

Freund Michael ist seine Bäume los. Wir aber besitzen fünf alte Obstbäume, allesamt Birnbäume, schön um den kleinen Garten verteilt. Sie stehen da vermutlich seit genau 100 Jahren, denn damals wurde unser Haus gebaut, und seither hat es – uns inklusive – nur drei Besitzer gehabt. Die Vorbesitzerin hat sogar 63 Jahre lang alleine darin gewohnt.

Genau gegenüber vom Küchenbalkon steht ein seltsamer, uralter Birnbaum, der sich mühsam in die Höhe reckt, um noch etwas Sonne abzubekommen. Vor allem im Winter steht er sonst im Schatten des gegenüberliegenden Hauses. Die ersten zweieinhalb Meter ist sein Stamm dick und kräftig, dann verjüngt er sich schlagartig und gabelt sich später in vier Hauptäste. Erst in fast sieben Meter Höhe hat er eine sehr lichte Krone aus schwachen Ästen, deren einzelne Früchte man an zwei Händen abzählen kann.

Dieser Baum ist unser Sorgenkind. Als er, wie alle unsere Bäume, vor ein paar Jahren von Profis fachgerecht zurechtgeschnitten wurde, machten die uns wenig Hoffnung, daß er noch lange überleben würde. »Abgängig« nannten sie seinen Zustand. So schwach und kränklich hätte ihm Michaels Gärtner vermutlich sofort den Garaus gemacht. Unsere Baumchirurgen aber gaben sich alle Mühe mit ihm, entfernten dort ein paar Wassertriebe, da einige tote Äste. Und im nächsten Jahr blühte er wieder und trug sogar ein paar Früchte. Trotzdem weisen die halbrund nach unten gebogenen Äste seiner Krone uns immer wieder unmißverständlich auf sein Methusalem-Alter hin.

Ein Stückchen links von unserem Sorgenkind behauptet der König unseres Gartens seinen Platz, ein großer starker Birnbaum, mit einem langen dicken Ast, der quer durch den Garten ragt. Oder besser ragte. Denn auch wenn wir den Schmerz beinahe körperlich zu fühlen meinten, diesen Ast ließen wir von den Baumchirurgen amputieren. Er nahm uns und dem Garten ganz die Sonne, beschattete alles. Jetzt steht nur noch ein kurzer Stumpf ab, den die Männer mit der großen Säge stehenließen.

Unser Baumkönig hat uns den radikalen Schnitt nicht übelgenommen. Als sei er sogar froh, einen lästigen Mitesser losgeworden zu sein, präsentierte er sich nach der Operation schöner denn je. Und er trug Birnen, wie andernorts die Weinstöcke Trauben. An kleinen Ästen hingen Dutzende dicker, saftiger Birnen, von der gleichen Sorte wie sie auch sein Gegenüber trägt, ein etwas kleinerer Baum, der aber nach dem Kronenschnitt immerhin auch schon wieder sieben Meter hoch ist. Zu seinen Füßen haben wir eine violette Waldrebe, *Clematis montana*, gepflanzt, die sich mit ein wenig Unterstützung durch uns inzwischen mehr als mannshoch am Stamm hinaufgewunden hat. Im Schatten des Baumes stehen Rittersporn, Blutweiderich, Phlox und Ehrenpreis, die gleichzeitig dafür sorgen, daß die Clematis in kühlem Boden wurzelt.

Obstbäume durchlaufen in ihrem Leben vier Phasen: Die der Jugend, in der die Äste steil nach oben ragen, die Bäume aber noch nicht tragen. Die des Ertrags, wenn sich die Äste in die Breite spreizen, die des Alters, wenn die Äste schon fast waagerecht stehen, und die Abgangsphase, wenn der Baum seine Äste müde hängen läßt und die Spitzen beinahe senkrecht nach unten zeigen.

Daß Obstbäume aber durchaus unterschiedlich alt werden und auch in fortgeschrittenen

Jahren noch ordentlich tragen können, kann sehen, wer im September bei uns vorbeischaut. Wir ersticken dann in Birnen. Sobald sie reif sind, versuchen wir mit einem langen Obstpflücker, den wir im alten Schuppen fanden, die Früchte zu ernten. Körbeweise schleppen wir die Birnen zu Freunden und Kollegen, bis nicht nur uns, sondern auch denen die Birnen zum Hals heraushängen. Nicht jeder mag außerdem die harten, wäßrigen, aber zuckersüßen Birnen, die drei unserer Bäume tragen.

Und so kommt unweigerlich der Tag, an dem wir aufgeben. An die Früchte hoch oben in den Kronen kommen wir trotz Leiter und langstieligem Obstpflücker ohnehin nicht dran, aber nach drei Wochen Bohnen, Birnen und Speck (für dieses Hamburger Traditionsessen tragen unsere beiden anderen Bäume genau die richtige Sorte), Birnenkompott und Birnenkuchen schwindet einfach der Elan bei der Birnenernte. Wir können ja auch nicht mit den Nachbarn tauschen. Die haben nämlich ebenfalls Birnen im Garten und bekommen schon beim Wort »Birne« einen glasigen Blick.

Und so ernten sich unsere Birnen irgendwann von selber. Überreif lösen sie sich, fallen auf den

Boden, auf den Weg, in die Beete, den Rittersporn und die Rhododendren. Eine traf sogar einmal einen armen Frosch und verletzte ihn schwer. Einer unserer Nachbarn schwört jedenfalls, solches beobachtet zu haben und später einem einbeinigen Hüpfer begegnet zu sein. Man kann sie gar nicht so schnell wegräumen, wie die vom freien Fall zermatschten Birnen braun werden und zu faulen beginnen. Beim Zuschauen werden sie matschig, bekommen weißen Schimmel und werden dann sogar von den Vögeln verschmäht. Allenfalls Würmer und Insekten nehmen's nicht so genau und laben sich noch daran.

Es ist ein Jammer. Schade um die schönen Birnen, mit denen wir nichts anzufangen wissen, schade um den Garten, der mit Birnen übersät ist. Die Wut kann man bekommen und möchte den Gott der Birnen bitten, im nächsten Jahr doch ein bißchen Kraft zu sparen und uns nur die halbe Birnenflut zukommen zu lassen. Welche Verschwendung der Ressourcen. Könnte man nicht ein bißchen tauschen und dafür sagen wir, ein paar mehr Himbeeren wachsen lassen? Und der eine Johannisbeerstrauch ist auch eingegangen, nachdem ihm ein Unwetter schwer zugesetzt hatte.

Es ist ein Fluch, wenn im Garten statt der Vielfalt die Einfalt herrscht und die Leidenschaft zur Wut wird.

Drei Gärtnerinnen

Gärten sind Geschmackssache. Der eine liebt sie ordentlich und aufgeräumt, der andere wild und unbeherrscht, der dritte steht auf strenge Formen, der vierte schätzt ihren hohen Nutzwert, der fünfte betörende Gerüche und der sechste möchte am liebsten alles auf einmal. Ich zum Beispiel habe von allem etwas vor meiner Nase. Daran sind die Frauen schuld, die mich umgeben: die Nachbarin zur Linken, die Nachbarin zur Rechten, und meine eigene. Alle drei sind passionierte Gärtnerinnen, und alle drei haben einen anderen Geschmack, den sie selbstverständlich auf ihrem jeweiligen Terrain auch ausleben.

So ein Garten ist ja auch ein wunderbares Mittel zum Konkurrenzkampf: Wer hat den Schönsten, welcher blüht als Erster, welcher am längsten? Nicht, daß es Feindschaft gäbe, Gott bewahre. Der Wettstreit ist ein edler, und die Konkurrentinnen sind sich durchaus grün. Sie geben sich Tips, reichen Ableger generös über den Zaun und gießen die Blumen aushilfsweise willig und mit ehrlichem Vergnügen. Aber sie haben eben unterschiedliche Auffassungen vom idealen Stadtgarten.

Frau F. zur Linken, alleinstehende Innenarchitektin und Lebenskünstlerin mittleren Alters beispielsweise genießt ihren Garten mit allen Sinnen. Sie sitzt darin mit Freunden beim Wein, sie hat eine kleine Wiese, auf die sie ihre Gartenliege stellt und sich sonnt, ihre rötlich-braune Katze braucht Platz zum Spielen, und ihr Sinn für Farben erfreut sich am bunten Durcheinander ihrer Blumen, die sie unterwegs sammelt oder bei ihrem Lieblingsgärtner besorgt. Am Haus klettert eine gewaltige Clematis empor, die kräftig blau leuchtet. Ihr Efeu hat sich bis zu uns vorgearbeitet und kriecht fast bis in unser Schlafzimmer, nimmt dabei aber leider keine Rücksicht auf unser Dach, das an dieser Stelle schon wieder Feuchtigkeit durchläßt.

Routiniert und sorgsam kümmert sich Frau F. um ihren Garten, steigt auf der Leiter zum Schnitt in die Bäume, und wenn der Kompost umgeschichtet werden muß, hilft ihr ihr Obermieter dabei. Frau F. ist freundlich und hilfsbereit, nur wegen zwei Dingen kann man Krach mit ihr bekommen: Wenn man erstens in ihrer Einfahrt parkt, flattert ganz schnell ein mahnender Zettel unter dem Scheibenwischer, und zweitens soll man nicht kucken. Unabsichtlich nicht und absichtlich schon gleich gar nicht. Frau F. sonnenbadet nämlich ganz gerne oben ohne, und dabei möchte sie verständlicherweise ungestört sein, was allerdings in einem Hinterhof etwas schwierig ist. Von unseren zwei Balkonen aus haben wir unfreiwilligerweise ziemlich freie Aussicht, und das paßt Frau F. gar nicht.

Aber wofür ist sie Innenarchitektin. Flugs entwarf sie ein leuchtend weißes, dreieckiges Segel, das jetzt in aller Freundschaft sommers zwischen unseren beiden Häusern gehißt wird. Ein solides Stück Handwerksarbeit, das sich allerdings offenbar nur schwer einholen läßt, denn unabhängig vom Wetter flattert es bis zu den ersten Herbststürmen vor unserer Nase und versperrt uns die Sicht. Nicht auf Frau F., die könnten wir – wenn wir wollten – vom anderen Balkon aus immer noch in aller Ruhe betrachten, sondern auf den großen, grünen Hinterhof mit seinen zwei Dutzend kleinen Gärten, seinen mächtigen Bäumen, den Trauerweiden, den Birken, den Kirschen, den Pflaumenbäumen und dem grasbewachsenen Röhrenbunker, der längst einer Familie als Weinkeller dient. Das alles wird jetzt durch ein weißes Segeltuchdreieck von uns ferngehalten.

Frau F. linker Hand wird durch Frau L. rechter Hand ergänzt. Sie ist etwa genauso alt wie Frau F., im Gegensatz zu dieser aber verheiratete Mutter zweier erwachsener Kinder und hauptberuflich Hausfrau mit Schwerpunkt Garten. Oder besser Kübel. Familie L. hat ihren Garten nämlich fast vollständig gepflastert und darauf Kübelpflanzen gestellt. Herr L. hat seine Anwaltskanzlei schon seit vielen Jahren auf der gegenüberliegenden Straßenseite und kennt daher alle Nachbarschaftsgeschichten über die Ratten, die es in diesen Häusern und auf diesen Grundstücken geben soll. Ratten in der Toilette, Ratten in Türstöcken, Ratten im Mülleimer unter der Küchenspüle, Ratten hier und Ratten da, von denen ich allerdings in den fünf Jahren, die wir jetzt schon hier leben, noch keine einzige zu Gesicht bekommen habe. Eine unübersichtliche Gartenidylle, womöglich noch mit einem Komposthaufen, böte den Nagern geradezu das Paradies auf Erden – sagen die L.s. Also haben sie ihren Garten versiegelt, wie andere Leute ihr Parkett im Wohnzimmer. Sorgsam gepflastert, bietet ihr Garten keinen Unterschlupf, kein Versteck und keinen Spielplatz für böse Ratten. Allenfalls im Dunkel der Nacht könnte mal eine kleine Ratte mutig den gepflasterten L.schen Todesstreifen überqueren, verweilen würde sie dort keine Sekunde. Insofern hat sich die Investition schon gelohnt. Leider wächst in einem gepflasterten Garten aber auch nichts, wenn man mal von den vorwitzigen Grasbüschelchen zwischen den Pflastersteinen absieht, aber denen wird Herr L. schon noch mit Unkraut-Ex den Garaus machen.

Derweil kauft Frau L. Blumentöpfe. Kleine, große, ganz große und sehr große. In Gruppen drapiert oder als Solitäre. Aus teurem Terrakotta oder billigem Ton, aus Steingut, Beton oder Holz. Bestückt mit allem, was in Töpfen wächst: Margeriten und Fuchsien, Geranien, Lobelien und sogar einer Magnolie. Beinahe täglich schleppt Frau L. Töpfe nach Hause. Sonntags geht sie um sieben Uhr morgens mit Herrn L. auf den Hamburger Fischmarkt, der aus Tradition so heißt, obwohl es dort vor allem Touristen, Topfpflanzen und Bananen gibt. Gegen neun wird die Beute dann nach Hause gekarrt und in einen freien Winkel des Pflastergartens verbracht, der so immer kleiner und immer bunter wird.

Die dritte, relativ formale Variante ist unsere. Ein nierenförmiges, buchsbaumgesäumtes Rondell in der Mitte, am hinteren Rand vier große Rhododendren, Sträucher an der linken Seite, verschieden hohe Stauden an der rechten und vorne zwei Rosenbeete. Dazu kommen die schon erwähnten fünf Birnbäume. Ein Kiesweg führt ums Rondell und zum Wasserhahn am Haus, außerdem gibt es noch einen gekiesten Sitzplatz für den Sonntagnachmittagskaffee.

Eigentlich ganz einfach eine Mischung aus Bauern- und Barockgärtchen mit Schwerpunkt auf dem Bäuerlichen. Meine Gärtnerin, die Dritte im Nachbarinnenbund, meint allerdings, die Rhododendren und die Buchseinfassungen würden sie etwas an einen Friedhof erinnern, aber das Gefühl habe ich wiederum nur, wenn ich mir ihre heißgeliebte Hortensie ansehe.

Der mir angetraute Teil des Gärtnerinnen-Trios neigt zum Sammeln und Experimentieren. Jede Neuentdeckung bekommt eine Chance: Eine Akelei da, ein Klatschmohn dort, und für die Pfingstrose findet sich auch noch ein Platz. Sorgsam hegt und pflegt sie die Pflänzchen. Am meisten liebt sie die zarten Kosmeen und den hoch aufgeschossenen blauen Rittersporn, von dem jede einzelne Pflanze an einen Stab gebunden wird, damit sie dem Wind standhält.

Sie will und hat einen Garten, der sie braucht, um den sie sich kümmern kann und muß. Unser Garten ist nicht dazu geschaffen, konsumiert, benutzt zu werden oder in pflegeleichter Schönheit zu glänzen, sondern um in, an und mit ihm zu arbeiten. Er ist nicht »naturnah«, sondern ein mit Hilfe der Natur von Menschenhand geschaffenes kleines Stück Kulturlandschaft. Wenn er aus beruflichen Gründen einmal für ein paar Wochen vernachlässigt wird, gerät die Ordnung zum Chaos.

Nicht, daß die Natur in unserem Garten vergewaltigt und zu menschlichem Spielzeug gemacht würde. Nur ist es mit der freien Natur in einem kleinen Stadtgarten nicht so weit her und man muß dem Garten helfen, ihn unterstützen, ihn in Form bringen, wie ein Reiter sein Pferd versammelt, damit es seine Bestform zeigen kann.

Für meine Gärtnerin-Ehefrau ist der Garten ein wunderbarer Ausgleich zu ihrer kopflastigen Bürowelt. Sie kann sich über Stunden ganz im Garten verlieren und an nichts anderes denken, als an das Wohlergehen des Schneefelberich oder der Trollblumen, denen sie das Leben so einfach wie möglich macht. Aus lauter Sorge, der Standort könne nicht optimal sein, pflanzt sie immer wieder etwas um und probiert aus, welche Arten am besten miteinander können. Sie lernt von den Pflanzen, und es gibt nichts Schöneres für sie, als wenn sie das Gefühl hat, dem Garten gehe es gut.

Und wenn dann noch eine der beiden Nachbarinnen einmal ein wenig neidisch zu ihr herüberschaut oder gar die Pracht ihres Lieblings, des Rittersporns, preist, ist die Welt restlos in Ordnung.

Fremde im Garten

Wenn my home my castle ist, dann ist my garden my kingdom. Ich bin sein Herrscher, auch wenn manche Außenstehende den Eindruck haben, er beherrsche mich. Mein Garten gehört mir. Oder besser: uns. Im Garten hat niemand sonst was mitzureden. Ungefragter Rat wird höflich, aber bestimmt zurückgewiesen.

Unsere Fehler machen wir selber. Wie soll man auch sonst je was lernen. Wir lernen vom Garten. Er bringt einem bei, was richtig und was falsch ist. Wenn es richtig ist, blüht und gedeiht es. Wenn es falsch ist, gehen die Pflanzen ein, fressen die Schnecken eine ganze Ecke kahl, oder es passiert schlicht und einfach gar nichts. Learning by doing nennt man das und im Garten dauert das oft ziemlich lange. Ein Jahr ist im Garten nichts.

Kleine Zwischenfrage: Wie lange leben einjährige Pflanzen? Ein Jahr stimmt natürlich, aber keiner sagt einem, daß sich auch Einjährige aussäen, so daß man im nächsten Jahr unter Umständen viel mehr Pflanzen derselben Art hat als im Vorjahr. Dabei hatte man dort schon längst was Neues gepflanzt. Soviel dazu.

Wir waren dabei, daß ungebetener fremder Rat unerwünscht ist. Mein Garten ist meine Oase, mein Refugium. Da haben Fremde nur auf Einladung Zutritt. Es ist allerdings leicht, eingeladen zu werden. Man will sein Reich ja stolz präsentieren. Maler verstecken ihre Bilder auch nicht auf dem Speicher. Der blaue Rittersporn, der violette Ehrenpreis, die tiefroten Rosen, die blaßblaue Clematis wollen vorgeführt und gewürdigt werden. Ihre Pracht soll sich im Staunen der Bewunderer spiegeln: »Wie hast Du das nur gemacht, bei mir kommen die Kosmeen (Lupinen, Gladiolen, etc.) nie?«

Wer seinen Garten präsentiert, stellt sich auch selbst kritischen Blicken: seine Kreativität, sein Farb- und Raumgefühl, seinen Fleiß, seine Geduld, seinen (Un-)Ordnungsinn. Und so, wie Komponisten ihre Werke auch nicht gleich vor vollem Auditorium erklingen lassen, sondern erst vor geladenem Publikum eine Hörprobe abliefern, so will auch ich selbst entscheiden, wen ich in meinen Garten lasse. Da bin ich eigen.

Unglücklicherweise mußten wir von Anfang an

eine Ecke unseres ohnehin schon kleinen Gartens an unsere Mieter abtreten. Ein Gartengeschoß ohne Garten wäre schließlich weniger als eine halbe Sache. Freundlich und friedlich einigten wir uns darauf, daß sie den größten Teil des Vorgartens betreuen und im übrigen natürlich vor ihrer Wohnung im eigentlichen Garten sitzen können.

Zu unserem großen Sommerfest vor ein paar Jahren stellten wir auf diesen, ihren Platz einen Biergartentisch samt Bänken, den wir dem jungen Paar anschließend überließen, weil er ihnen so gut gefiel. So weit, so gut. Womit wir nicht gerechnet hatten, war, wie beliebt die lauschige Ecke bald werden würde.

An fast jedem warmen Sommerabend sitzen seitdem unsere Mieter mit einem Grüppchen Freunde samt Kind und Kegel in unserem Garten. Sie alle fühlen sich dort verständlicherweise äußerst wohl, zwischen chinesischem Sommerflieder, Sonnenblumen und Efeu, umschwärmt von Schmetterlingen, ab und an besucht von kleinen Fröschen, Spatzen und den Katzen der Nachbarschaft.

Ihr Wohlgefühl ist ein Kompliment für uns und unseren Garten. So hatten wir ihn haben wollen:

Ein Ort, um die Welt zu vergessen, mit Freunden zu plauschen, zu essen, zu trinken und zu träumen.

Allerdings hatten wir dabei egoistischerweise in erster Linie an uns gedacht. Jetzt aber fühlen wir uns ein klein wenig, wie aus dem Paradies vertrieben. Jedenfalls müssen wir teilen. Mit durchaus netten fremden Eindringlingen, die uns beim Unkrautjäten zuschauen, während sie die Früchte unserer Arbeit genießen.

Von grünen englischen Daumen

Ich bin vernarrt in meinen Garten. Wenn ich mich nicht mit ihm beschäftige, betrachte ich ihn vom Balkon aus, wie ein Maler sein Werk. Maler sind mit ihren Werken meines Wissens nie zufrieden. Da in der Ecke fehlt noch ein Farbtupfer, dort ist die Stimmung zu düster, hier stimmt die Perspektive nicht ganz. Ich bin kein Perfektionist, oder höchstens einer von jenen Überperfektionisten, die die Suche nach der Perfektion aufgegeben haben, weil sie wissen, daß sie diese sowieso nie erreichen können. Also genieße ich meinen Garten wie er ist, verändere mal hier, mal da was, aber bin's im wesentlichen zufrieden. Außerdem will ich von meinem Garten ja auch noch was anderes haben als Arbeit. So freue ich mich denn meines kleinen Gartenglücks bis zu dem Tag, an dem es wieder einmal gen England geht.

England, das weiß jeder Gartenfreund, ist für Gärtner das, was Mekka für Mohammedaner bedeutet: Das gelobte Land, in das man mindestens einmal jährlich pilgern muß, um sich anregen (und frustrieren) zu lassen, um zu staunen und die Fassung zu verlieren. England ist ein einziger Garten. Jeder Engländer, oder zumindest die, die nicht in der City von London wohnen, hat zehn grüne Daumen gleichzeitig und weiß mehr von Pflanzen, als hierzulande ein gelernter Gärtner.

Scheinbar mühelos gelingt es ihnen, nicht nur im Wembley-Stadion flauschigsten Teppichrasen hervorzubringen, sondern auch noch an den kargsten Orten Exotisches zum Blühen zu bringen. Man sehe sich nur einmal den faszinierenden Garten des inzwischen an AIDS gestorbenen Filmregisseurs Derek Jarman auf einer felsigen, unwirtlichen Halbinsel bei Dungeness in der Grafschaft Kent gegenüber einem häßlichen Kernkraftwerk an.

Rund um sein blaues Prospect Cottage mit den gelben Fenstern blühen da Kalifornischer Mohn und Nieswurz, Goldlack, Fingerhut, Salbei, Feuernelken, Malven, Gartenrauten, Schlehen, Disteln, Anchusa und Ringelblumen. Dazwischen hat Jarman Fundstücke, Muscheln, Feuersteine und Treibholz zu mystischen und völlig unprätentiösen Skulpturen arrangiert – alles auch zu bestaunen im wundervollen Buch

›Derek Jarmans Garten‹ (Verlag Volk und Welt, Berlin 1996).

Jarmann ist auch der beste Beweis dafür, daß Gartenleidenschaft in England im Gegensatz zu Deutschland nichts mit betulicher Spießigkeit zu tun hat oder gar nur etwas für brave Biedermänner und -frauen wäre. Gärten sind Bestandteil englischer Kultur und Gärtner entsprechend hoch angesehen. Die Gartenleidenschaft von Queen Elizabeths Schwester Margaret ging so weit, daß sie jahrelang mit dem Gärtner und Landschaftsgestalter Roddy Llewellyn liiert war, den man sich gegen entsprechendes Honorar übrigens auch selbst ins Haus kommen lassen kann.

Ich kann mir jedenfalls keinen schöneren Urlaub vorstellen, als mit dem Auto durch die englische Parklandschaft zu fahren, deren kurvenreiche Landstraßen grünen Tunneln gleichen. Immer mit dabei: ein Schäufelchen für Freveltaten. Damit läßt sich Interessantes am Wegesrand verstohlen ausgraben.

Jedes größere englische Dorf hat seinen Gartenmarkt, der anders als unsere öden Gartencenter voller rarer Spezies steckt. Außerdem hat jeder englische Gärtner seinen eigenen Ehrgeiz, Besonderes zu züchten oder Gemeines in perfekter Gestalt. Im Mai, Juni und Juli locken lokale Garden Fairs, alle übertroffen von der legendären Chelsea Flower Show in Londons Royal Hospital an vier Tagen im Mai, die von der Queen höchstpersönlich eröffnet wird.

Im letzten Jahr landeten wir im ehrwürdigen alten Badeort Bath, der schon die Römer mit seinen warmen Quellen lockte. Und was fand dort gleich hinter dem Royal Crescent statt? Richtig: eine Garden Fair. Profigärtner, Gartenbaubetriebe, engagierte Amateure und Institute wetteiferten um den schönsten Stand, die perfektesten Blüten, die ausgefallensten Sorten. Jeder hatte etwas Anderes zu bieten – und alles war käuflich zu erwerben.

Der Sammeltrieb des Menschen ist unersättlich. Mehr, mehr, mehr, haben, haben, haben, heißt die Devise auch dann noch, wenn man seine Schätze kaum noch unterbringen kann, nicht mehr weiß, wohin mit dem Hort. Es kam also, wie es kommen mußte: Wir kauften ein paar Tontöpfe, zwei Salbei mit dunkelgrünen Blättern, eine weiß-lila *Osteospermum Cannington Kira* mit gefächerter Blüte und eine hellgelbe Akelei. Letztere war mitnichten ein kleines, zartes Pflänzchen, sondern ein ausgewachsenes meterhohes Exemplar, das wir für die nächsten fünf Tage behutsam auf dem Beifahrersitz durch den Süden Englands kutschierten.

Beinahe hätten wir auch noch eine wunderschöne, aber leider ziemlich große, eiserne Etagère aufgeladen, die uns in Bath ins Auge stach. Gleich am Flüßchen Avon hat nämlich Walcott Reclamations sein Lager, ein Geschäft für alte Brunnen, steinerne Gartenbänke und -skulpturen, aber auch für schmiedeeiserne Gartentore, alte Kaminumrandungen oder ganze Badezimmer aus englischen Herrenhäusern. Walcott Reclamations ist eine absolute Fundgrube für alle Country- und Gartenfans, die ausgefallene Dinge suchen.

Als wir in Harwich bei London auf die MS Hamburg rollten, war der Kofferraum wieder einmal voll mit Neuerwerbungen, die kurz zuvor an der letzten Tankstelle noch einmal gewässert worden waren. Sie alle, auch die feingliedrige Akelei, haben die Tortur bestens überstanden.

Englische Lese-Lust

England, Du hast es besser. Du hast die besseren Rockmusiker, die besseren Golfer und die besseren Gartenbücher. Bei Waterstones, WH Smith und Dillon´s stehen keine trockenen Anleitungen zum richtigen Umsetzen von Komposthaufen im Regal, sondern sinnliche, farbsatte Prachtbände, die Lust auf Gärten aller Art machen. Ich bin süchtig nach diesen Büchern, überhaupt nach allem, was Engländer zum Thema Garten drucken.

Das beginnt bei einer der eigenwilligsten Gartenzeitschriften, die ich kenne. Ich glaube, Jürgen Dahl, Deutschlands unbestritten interessantester Gartenautor, hat mich einst darauf aufmerksam gemacht. Sie heißt ›Hortus – A Gardening Journal‹ und wird seit zehn Jahren vierteljährlich von David Wheeler und seinem Freund und Grafiker Simon Dorrell herausgegeben. Kein Farbfoto verunziert ihr Antlitz, ja selbst Schwarzweiß-Aufnahmen sind die rare Ausnahme. Fast alle Illustrationen sind Holzschnitte, die Texte erstklassiger Gartenautoren zeugen von hoher Kennerschaft, sind trotzdem bestens lesbar und häufig äußerst amüsant. ›Hortus‹ genießt unter Insidern hohen Kultstatus, nicht zuletzt deshalb, weil sie so unaufgeregt, englisch spröde daherkommt, kein Aufsehen von sich macht und dennoch für Gartenliebhaber unentbehrlich ist (Hortus – A Gardening Journal, Bryan's Ground, Stapleton, Herefordshire, England LD8 2 LP, Tel 0044-1544-260001).

Ähnlich zurückhaltend, aber immerhin mit Farbfotos ausgestattet, ist ›Gardens Illustrated‹, ein bescheidenes Coffee-Table-Blatt für Gartenfreunde, dessen stilvoller Eleganz keine hiesige Gartenzeitschrift nahekommt.

Sehr handfest ländlich, aber durchaus modern, gibt sich ›Country Living‹, das sich beileibe nicht nur Gartenthemen annimmt und stets dieses typisch englische Gefühl fürs Landleben verströmt, das nicht nur ich in Deutschland so schmerzlich vermisse. Auf der Insel sind Interesse am country living und Dinge wie Stil oder Geschmack eben durchaus nicht zweierlei Paar Stiefel.

Wer sich mit englischen Gartenbüchern beschäftigt, kommt an einigen klassischen Autoren nicht vorbei. Allen voran Vita Sackville-West (1892 – 1962). Die Schöpferin des Gartens von

Sissinghurst hat etwa in ›In Your Garden‹, einer bei Oxenwood Press wieder neu aufgelegten Sammlung ihrer frühen Artikel aus dem ›Observer‹ (auf deutsch unter dem Titel ›Aus meinem Garten‹ bei Ullstein, Berlin 1991 als Taschenbuch erschienen) eine ganze Reihe wesentlicher Dinge zum Thema Garten gesagt.

Rosemary Vereys Wissen um Gärten und Gartenplanung beruht auf den Erfahrungen, die sie mit Barnsley House, dem Familiensitz ihres Mannes in Gloucestershire, gemacht hat und die sie viele Jahre lang in einer Kolumne für ›Country Life‹ weitergegeben hat. Rosemary Verey hat unter anderem auch schon einen Garten für Prinz Charles gestaltet.

David Austin verfügt über exzellente Kenntnisse von Alten und Englischen Rosen, die er, wie schon erwähnt, auch selbst züchtet und verkauft. Einer der absoluten big names in Garten-England ist der von Gertrude Jekyll (1843 – 1932), auf die der legendäre »Weiße Garten« in Sissinghurst zurückgeht, während Penelope Hobhouse zu den populärsten zeitgenössischen Gartenautoren zählt. Sie ist seit vielen Jahren oberste Gärtnerin von Tintinhull in Somerset, einem Garten, der dem National Trust gehört, und hat darüber unter anderem in ihrem Buch ›On Gardening‹ (MacMillan, London 1994) geschrieben. Und die Schriftstellerin Germaine Greer macht sich erstaunlicherweise nicht nur für Frauen stark, sondern in ihren Zeitschriften-Essays auch für ihre Gartenleidenschaft.

An die hundert prachtvolle und/oder hilfreiche Bücher und Videos hat die Royal Horticultural Society (RHS) herausgegeben, deren Flower Shows weltberühmt sind und bei der man auch als Deutscher für rund 60 Mark im Jahr Mitglied werden kann. Was etwa den Erhalt von heißbegehrten und nur im Vorverkauf erwerbbaren Tickets zur Chelsea Flower Show im Mai sehr vereinfacht, zumal ein Tag ausschließlich für RHS-Mitglieder reserviert ist. Von der RHS stammen auch drei grandiose Enzyklopädien, von denen zwei inzwischen auch auf deutsch erschienen sind (›DuMont's Große Gartenenzyklopädie‹, DuMont Buchverlag, Köln 1994 und ›DuMont's Große Kräuterenzyklopädie‹, Köln 1996). Alle drei Werke gehören zur Grundausstattung jedes engagierten Gartenliebhabers.

Ich habe mir einmal den Spaß gemacht und war für 110 Mark ein Jahr lang Mitglied der CGA, der Country Gentlemen's Association,

einer mehrere hunderttausend Mitglieder star-
ken Gemeinschaft von traditionsbewußten
Freunden des Landlebens. Nicht nur die monat-
liche Vereinszeitschrift ›Country‹ mit einer
Reihe von Gartentips lohnte die Mitgliedschaft,
dazu kamen Vergünstigungen in Landhotels etc.
Am lustigsten aber waren das Angebot einer spe-
ziell für CGA-Mitglieder gezüchteten Rose und
die Möglichkeit, sich an Besuchen in privaten
englischen Gärten und Herrenhäusern zu beteili-
gen. Für ein kleines Grüppchen von CGA-Mit-
gliedern öffneten da Gartenfreunde die Tore zu
ihren Häusern und Gärten, die man sonst nie zu
sehen bekäme.

Wer nicht gleich CGA-Mitglied werden will,
dem ist vielleicht mit dem ›Good Gardens Guide‹
gedient, in dem über 1000 Gärten in Großbritan-
nien und Irland beschrieben sind. Darin werden
natürlich all die vom National Trust betreuten,
quasi öffentlichen Gärten wie Vita Sackville-
Wests Sissinghurst vorgestellt und obendrein
eine Vielzahl von privaten Gartenanlagen, die
nur an wenigen, manche sogar nur an einem ein-
zigen Tag im Jahr für Publikum geöffnet sind
(Graham Rose und Peter King [Hrsg.], Vermili-
on-Verlag, London 1992).

Das Schöne an all den englischen Gartenpubli-
kationen ist ihr zurückhaltender, selbstverständ-
licher, ja beinahe schon lakonischer Ton, mit
dem sie jede Phase der Karriere eines Gartenliebhabers begleiten. Ohne Besserwisserei vermitteln sie nicht nur alles nötige Gartenwissen,
sondern zugleich auch die richtige innere Ein-
stellung zum Gärtnern.

Kann denn Erde dreckig sein?

Dreck ist etwas Unappetitliches, Unangenehmes. Etwas vor dem man sich ekelt, das riecht, gar stinkt. Etwas Undefinierbares. Einfach etwas, mit dem man nichts zu tun haben möchte, vor dem man sich hütet, das man vermeidet.

Im Garten gibt es keinen Dreck.

Im Garten kann man sich schmutzig machen, wer würde das leugnen. Erde und Gras, Beeren und Blütenstaub hinterlassen ihre Spuren, von denen nicht nur Frau Klementine alpträumt. Aber all dieser Schmutz ist organisch, sozusagen biologisch rein und sauber. Dieser Schmutz ist überschaubar und definiert. Es ist klar, was da Flecken verursacht, und es ist natürlich und es ist echt. Und manchmal ist es ein Vergnügen, richtig schön schmutzig zu sein.

Selbst modriges Laub, matschige Birnen und morsches Holz haben ihre eigene Ästhetik. Sie sind Zeichen des natürlichen Verfalls. Irgendwann wird daraus wieder Erde, und wer könnte sich vor Erde ekeln? Man braucht nicht gläubig zu sein und an Adam zu denken, der ja aus Lehm geschaffen worden sein soll, um das hohe Lied der Erde zu singen. Welche Kraft steckt in der Erde! Was gibt es Schöneres als frische Erde, locker, krümelig und duftend? Erdig duftend, wie sonst. Schwarze Erde, braune Erde, rote Erde, von feuchter Schwere oder flockig leicht. Erde zum Hineingreifen, Hineinwühlen, am besten und liebsten mit bloßen Händen. Wenn man solche frische Erde auf der Haut spürt, spürt man Leben. Manchmal sogar ganz drastisch und real in Gestalt eines dunkelrosa Regenwurms.

Ignoranten, die die Gartenarbeit mit derben Handschuhen tun! Die mit Schäufelchen und kleiner Hacke Beete ziselieren. Wie kann man ein Gefühl für etwas entwickeln, das man nur durch grobes Leder oder dicken Stoff berührt? Wie können sie fühlen, was der Boden braucht, wenn sie ihn nicht an ihre Haut lassen? Sie sind wie ein Bildhauer, der den Marmor nur mit Greifarmen bearbeitet, wie die Mutter, die ihr Neugeborenes im Brutkasten nur durch zwei Löcher mit eingearbeiteten Schutzhandschuhen streicheln darf.

Erst wenn man die Erde durch die Finger rieseln läßt, bekommt man ein Verhältnis zu ihr. Erst wenn man sie zu Haufen schichtet, mit den

Händen andrückt oder verteilt, spürt man, ob sie Wasser braucht, sich die Nässe in ihr staut oder ob sie locker genug ist, damit auch feine Wurzeln sie durchdringen können.

Natürlich benötigt man Handschuhe, um sich nicht an den Rosendornen zu verletzen, natürlich braucht man einen Spaten und eine Schaufel, um sich die Arbeit zu erleichtern, aber die Gerätschaften dürfen keine Distanz zum Garten schaffen, nach dem Motto: Wasch mir den Pelz, aber mach mich nicht naß. Wer in und mit seinem Garten lebt, braucht den direkten Kontakt, wie Menschen Hautkontakt brauchen, um einander nahe zu sein und nicht emotional zu verkümmern.

Angst vor der Erde unter den Fingernägeln? Sie adelt den Gärtner. Bertolt Brecht schob sich jeden Morgen mit einem eigens konstruierten Maschinchen Dreck unter die Nägel, um glaubhaft proletarisch zu wirken. Gärtner haben so was nicht nötig. Ihren Händen sieht man an, was sie tun. Sie sind rissig, voller Kratzer und Schwielen. Das unterscheidet sie von anderen Menschen, und das ist gut so.

Der Traum vom Aufsitzrasenmäher

In amerikanischen Filmen fahren die Familienväter sonntags immer damit durch den gepflegten Vorgarten. Knatternd und stinkend geben die Maschinen ihren Besitzern das Gefühl, echte Farmer zu sein, Südstaaten-Rednecks, die auf ihren kraftstrotzenden Traktoren der Erde Wertvolles abringen. Da spielt der Mythos von der Eroberung des Wilden Westens mit, von den frontier-men, die die Prärie urbar machten. Wären es nicht Amerikaner, könnte man vermuten, daß ihnen auch die Bilder martialischer Ernteschlachten aus frühsowjetischen Schwarzweiß-Dokumentarfilmen à la Sergej Eisenstein durch den Kopf gehen, in denen Helden der Arbeit das Getreide fürs Brot fürs Volk einfahren.

Mit Traktoren muß ein männlicher Urtrieb verbunden sein: Wer einen Traktor vorwärtsbewegt, ist nicht nur Ernährer der Familie, sondern auch Herrscher über die Kräfte der Technik. Er macht sich im wahrsten Sinne des Wortes die Erde untertan. Und so ein amerikanischer Aufsitzrasenmäher ist eine Art Traktor, wenn auch im Mini-Format.

Auch ich träume schon lange davon, so ein Ding zu besitzen. So schwierig ist das ja nicht. Für gut 2000 Mark stehen diese Gefährte jetzt schon am Eingang zum Gartenmarkt. Rotlackiert (wie sonst?!), möglichst von einer großen Traktorfirma wie John Deere, notfalls auch von Honda: »Zwei gegenläufige rotierende Messer mähen das Gras. Ein starker Luftstrom wirbelt die Halme durch einen Kanal unter dem Fahrersitz direkt in die Sammelbox am Heck. So kann feuchtes Gras nicht klumpen und verursacht keine Stauungen im Gerät.« Mein Aufsitzrasenmäher hätte 4-Rad-Lenkung, ein hydrostatisches Getriebe, eine gefederte Sitzschale und natürlich eine Anhängerkupplung für diverse Zusatzgeräte vom Grasfangkorb bis zum Schnittgutsammler, Düngerstreuer, Rasenlüfter oder Einachskipper. Und vorne muß man ein Schneeräumschild oder eine Kehrmaschine montieren können.

Was mir fehlt, ist die dazugehörige Wiese. Was soll ich mit einem Aufsitzrasenmäher in einem 100-Quadratmeter-Garten ohne Rasen? Irgendwie käme ich mir blöd vor, wenn so ein Ding bei uns rumstehen würde. Die Nachbarn würden

104

doch dumm schauen, wenn ich meine Runden auf dem Kiesweg ums Buchsbaumrondell drehte. Und ich möchte auch nicht in der Nachbarschaft betteln gehen, um irgend jemandes Rasen mähen zu dürfen.

Ich könnte mir eine Wiese pachten. Einfach so. Zum Mähen. 2000 bis 3000 Quadratmeter Wiese irgendwo am Land, von einem Bauern, der sonst nichts damit anzufangen weiß. Solche Wiesen gibt's in Deutschland genug. Alle paar Wochen könnte ich hinfahren, meinen roten Aufsitzrasenmäher anschmeißen und dann, ein fröhlich Liedchen pfeifend, stolz herumkurven. Ich würde nicht einmal, wie es ein Freund mit seiner Gattin tut, meine Frau vor dem Aufsitzrasenmäher herlaufen lassen, damit sie die großen Steine aufklaubt, die die Messer beschädigen könnten.

Muster würde ich mähen, wie der Kollege im Wembley-Stadion: Schachbrett-artig und Rauten, und vielleicht könnte ich bei entsprechender Übung auch meine Initialen ins Grün schneiden. Damit man schon beim Anflug auf Hamburg sieht, daß da jemand Spaß am Mähen hat. Vertikutieren könnte ich und düngen, vielleicht würde ich mir sogar einen ankuppelbaren Pflug zulegen und im Herbst die ganze Wiese umgraben und neu einsäen.

Heia, wäre das ein Spaß.

Ich fürchte nur, irgendwann wäre mir das wahrscheinlich nicht mehr genug. Dann würde ich unsere Freundin Mania anrufen. Die weiß Bescheid. Die kennt einen Landmaschinenhändler, der gebrauchte Traktoren verkauft. Mania hat ihrem Daniel zur Hochzeit einen alten grünen Lanz-Bulldog geschenkt. Der war sogar billiger als so ein neuer Aufsitzrasenmäher. Zugegeben, die beiden haben als Wochenendwohnsitz einen Resthof mit ungefähr drei Hektar Land. Da reicht ein Aufsitzrasenmäher einfach nicht mehr aus.

Aber wenn ich mir von Petra auch so einen richtigen Traktor schenken lassen würde, könnte ich mir ja auch ein etwas größeres Grundstück pachten, damit der Traktor genügend Auslauf hat.

Kampf den Feinden

Nicht alle lieben meinen Garten so wie ich. Oder besser: Sie lieben ihn sogar noch mehr als ich. Jedenfalls muß ich meinen heißgeliebten Garten mit anderen teilen, die ihn nicht so schonend behandeln wie ich. Mit Gartenfreunden, die sich an ihm gütlich tun, ihn als ihr Spezialitätenrestaurant und ihre Spielwiese ansehen.

Hemmungslos genießen sie ihn und seine Früchte. Sie nehmen keine Rücksicht auf mich, der ich so viel Arbeit und Geld hineingesteckt habe. Sie nutzen die Gutmütigkeit aus, mit der ich immer wieder für Nachschub sorge.

Über die Vögel, die meine Johannisbeeren und Himbeeren fressen, kann ich mich nicht groß aufregen. Hunger haben wir schließlich alle, Beeren kann ich am Markt kaufen, und die Schönheit des Gartens würden flirrende Metallstreifen oder gar eine Vogelscheuche wesentlich mehr stören.

Die Wespen, die die reifen Birnen anknabbern, können auch mit Vergebung rechnen. Birnen haben wir schließlich genug. Außerdem sind die

Waffen ungleich verteilt: Mit Wespenstacheln lege ich mich ungern an.

Mit bösen Konsequenzen aber müssen zum Beispiel Blattläuse auf den Rosen rechnen. Diese hartnäckigen kleinen grünen Biester können einen zur Verzweiflung treiben. Zwar bietet jedes Gartengeschäft ganze Regale voller Gegenmittel, aber wer will sein schönes Stück Natur schon mit Chemie vollpumpen? Natürlich gibt es auch noch eine ganze Reihe absolut sicherer Hausmittelchen, die garantiert helfen sollen. Seifenlauge oder Tabaksud zum Beispiel.

Nachbars schwarzer Kater Munkel hat derlei Behandlung nicht zu fürchten, obwohl wir auch ihn lieber von hinten sehen. Dieses schwarze Vieh stammt vermutlich direkt von einem südamerikanischen Puma ab und hat dessen kriegerische Eigenschaften noch in den Genen. Obwohl sein Besitzer ihm sogar ein Glöckchen umgehängt hat, gelingt es Munkel immer wieder, sich einen Vogel zu schnappen. Mit dem halbtoten Tier spielt er dann so lange, bis der Vogel erschöpft zusammenbricht, worauf Munkel seine Beute stolz durch alle Nachbargärten schleift. Wenn man einen Garten hat, um wahre Harmonie zu erleben, Ruhe und Frieden zu genießen, kommen einem derartige Rituale der Natur seltsam archaisch vor. Allzuviel natürliches Verhalten will man im eigenen Garten dann ja auch wieder nicht erleben.

Ich betrachte Munkel jedenfalls als ausgesprochen unangenehmen Eindringling in meinen friedlichen Garten und verjage das Biest mit einem gezielten Strahl aus dem Gartenschlauch. Und unsere Nachbarin zur Linken hat sich gar eine riesige, vermutlich waffenscheinpflichtige Wasserpistole gekauft, um sich, ihren Garten und ihre nicht so wehrhafte Katze vor den Übergriffen des schwarzen Katers zu schützen.

Der größte Feind meines Gartens, und da wird mir jeder Leidensgenosse zustimmen, aber sind die Schnecken. Harmlos aussehende braune Tierchen von äußerst gefräßigem Wesen. Wer nie einen Garten und somit auch nie Schnecken gehabt hat, vermag sich nicht vorzustellen, was einige wenige Exemplare dieser Gattung anrichten können. Noch nie ist es uns in fünf Jahren etwa gelungen, Lupinen zur Blüte zu bringen. Immer waren die Schnecken schneller. Ratzfatz fraßen sie die zarten Pflanzen wenige Tage nachdem ich sie gepflanzt hatte auf. Meistens war nicht einmal mehr die geringste Spur von den

Lupinen zu entdecken, so daß ich mich ernsthaft fragte, ob ich sie je eingepflanzt hatte.

Für Schnecken hat niemand Sympathie. Sie sind nicht süß und pelzig, sie haben keine guten Seiten wie die Frösche, die die lästigen Mücken vertilgen, und die Arten, die in unsereiner Garten leben, sind auch keine leckere Vorspeise. Sie sind eklig, zäh, und sie gehen mit dem Garten mindestens ebenso zerstörerisch um wie Conan, der Barbar, mit seinen Feinden.

Also gibt es für sie kein Pardon.

Es gibt viele Arten, Schnecken um die Ecke zu bringen, und jeder Gärtner weiß mit diabolischem Grinsen, noch eine weitere Variante zu erzählen. Die sanfteste Methode sind gezackte Schnekkenzäune, die man rund um den Garten eingräbt. Schnecken können nicht darüberklettern, und der Garten bleibt sauber. Wenn er es denn vorher war. Ansonsten freuen sich die Schnecken im Garten, weil sie jetzt mit niemand mehr teilen müssen. Außerdem sind Schneckenzäune sauteuer.

Wer sich nicht selber die Hände schmutzig machen will, kauft den berühmten »Schnekkentod«, ein Chemieprodukt, das die Schnecken, die davon kosten, innerlich austrocknet und anderen

Lebewesen angeblich nichts Böses antut. Bei allem Haß auf Schnecken stöhnt mein christliches Gewissen auf, wenn ich mir vorstelle, wie diese feuchtigkeitsbedürftigen Glibberdinger so gaaaanz laaangsam innerlich verdörren. Außerdem muß man die verkrümmten Leichen später zusammensammeln. Irgendwie paßt das auch wieder nicht zur Harmonie von Mensch und Natur in meinem Garten.

Eher anfreunden könnte ich mich mit der Biermethode. Dabei gräbt man alte Joghurtbecher im Garten ein und füllt sie mit Bier. Der Geruch lockt die Schnecken an, gierig wie sie sind, stürzen sie sich in die Becher und ertrinken im Bier. Immerhin ein schönerer Tod als Verdursten. Ein Freund, der die Methode ausprobierte, wußte von übergroßen Erfolgen zu berichten. Bier scheint den Schnecken ähnlich wichtig zu sein wie den Bayern. Von nah und fern kamen die Schnecken in seinen Garten, um sich einen Rausch anzusaufen. So viele Schnecken hatte er noch nie in seinem Garten gesehen. Täglich mußte er randvolle Becher voller ekliger, aufgeschwemmter Bierleichen entsorgen.

Angeblich schneckenfreundlich ist es, die Tierchen mit kochendem Wasser zu übergießen.

Das garantiere ihnen einen schnellen Tod. Wer immer das behauptet, unterschlägt das Wesentliche dieser Methode: Man muß sie dafür nämlich erst einmal einsammeln. Schnecken pflegen aber nun einmal nicht an einem schönen Sonntagnachmittag vor dem Liegestuhl zu paradieren. Weil sie als schlaue Wesen Angst vor zuviel Sonne haben, kommen sie frühestens in der Dämmerung aus ihren Verstecken. Und auch dann schleichen sie sich geschützt unter Blättern durchs Gelände und sind so leicht nicht zu erwischen. Wie viele Stunden habe ich abends mit Taschenlampe und Plastiktüte bewaffnet auf Schneckenjagd im Garten verbracht? Richtiggehend angesessen bin ich, bis ich irgendwo die glitzernde Schleimspur eines Feindes entdeckt habe.

Anders als meine brutalen Ratgeber habe ich es aber nie übers Herz gebracht, den gefräßigen Geschöpfen mit ihren winzigen Knopfaugen mit kochendem Wasser den Garaus zu machen. Und auch zu der Methode, die glitschigen Tierchen »einfach« mit der Schere zu zerschneiden, konnte ich mich nie durchringen. Am Anfang habe ich die Tüte voller Schnecken in den nächsten öffentlichen Park gebracht. Aber als ich gesehen

habe, wie schnell die lieben Kleinen verschwunden waren, bekam ich doch Angst, sie würden ra-
chedurstig den Weg nach Hause finden. Man
weiß ja nie.

Seitdem mache ich die Plastiktüte immer ganz
fest zu und stecke sie in die Mülltonne. Wenn der
Schneckengott will, kann er sie ja von dort retten. Vielleicht kommen sie auf eine große Müll-
kippe, wo sie wie im Paradies leben können. Und
ich bin dann moralisch aus dem Schneider.

Visite bei Jürgen Dahl

Einen wie ihn gibt es kein zweites Mal. Er ist der Doyen unter den deutschen Gartenautoren, und das soll seine namhaften Kollegen von Marie-Luise Kreuter über Friedolin Wagner bis Johannes Roth in keinster Weise herabsetzen. Aber Jürgen Dahl ist eben etwas ganz Besonderes. Von ihm kann man – in seinen zahlreichen Büchern, im WDR, regelmäßig in der ›ZEIT‹, in ›kraut und rüben‹und früher in ›Flora‹ und ›COUNTRY‹ – nicht nur viel über den Garten und seine Pflanzen lernen, sondern noch viel mehr über die Welt an sich und das Leben überhaupt. Und so ist ein Besuch auf Jürgen Dahls Lindenhof in Kranenburg-Mehr denn auch aufregender als ein exotischer Trip um die halbe Welt.

Der Lindenhof ist Dahls Zufluchtsort vor der Unbill der Welt. Er ist sein Lebensmittelpunkt, und das ist wörtlich zu nehmen. Der Lindenhof und sein Garten sind für Jürgen Dahl ein Mikrokosmos, aus dem sich ein Gutteil seines Weltbildes herleitet. Ein Stückchen hinter Kleve führt eine schmale, kurvige Landstraße vor die

Stadt. Plattes Land, wohin man schaut, und vor dem geistigen Auge tauchen die Fernsehbilder von der großen Überschwemmung 1995 auf, als sich der Rhein breit machte und auch der Lindenhof in die Gefahrenzone geriet.

Vier hohe Pappeln verdecken die Einfahrt zum Hof. Links der Zufahrt ist der penibel strukturierte Staudengarten, rechts der zuletzt gepflanzte Kräutergarten. Hinter den Stauden steht das niedrige Wohnhaus, hinter den Kräutern ein umgebauter Stall. Zwei große Scheunen vervollständigen das Ensemble, das sich um einen hübschen Innenhof gruppiert. Am anderen Ende des Hofs liegt der Nutzgarten und hinter der Scheune hat Dahl einen kleinen Teich und einen Steingarten angelegt.

Wo andere Gärtner Ästheten und Perfektionisten sind, ist Dahl ein Experimentierer, ein Neugieriger, der ständig dazulernen, neue Erfahrungen sammeln will. Natürlich hat auch sein Garten Schönheit, nur ist er nicht so gefällig, nicht so auf vordergründige Effekte aus, wie viele seinesgleichen. Dahls Garten, oder besser seine Gärten, sind keine Postkartenidyllen, bei denen Fotografen vor Freude aufjuchzen, sondern vielmehr auf Funktionalität angelegte Freiluftlabors, in denen Dahl mit wissenschaftlicher Akribie den Geheimnissen des Gärtnerns hinterherspioniert.

Jürgen Dahl glaubt nicht, was er liest – und der frühere Buchhändler liest sehr viel –, sondern er weiß, was er selbst ausprobiert hat. Dabei ist er ein großer Freund simpler, praktischer Ideen. Zeitungspapier etwa ist bei ihm für vieles gut. Mit dicken Lagen deckt er den Boden für ein neu urbar gemachtes Stück Garten monatelang ab, damit darunter alles ungewollte Kraut restlos verkümmert. Will er eine kleine Mauer im Steingarten haben, schlichtet er sie aus alten Zeitungen auf, die durch Wind und Wetter stabiler werden als eine klassische Feldsteinmauer. Dahl lädt seine Leser und Zuhörer »zum genauen Hinsehen, zum weiteren Nachdenken, zur Überprüfung alter Regeln und Gewohnheiten, zum Experimentieren und zum Fragen« ein. Und all das beschränkt sich eben nicht nur darauf, wann man was aussät, erntet oder beschneidet.

Seit einiger Zeit kann man von Jürgen Dahls Erfahrungen auch direkt profitieren: Jeden Samstag führt er von 11 bis 17 Uhr durch seinen Kräutergarten und verkauft, was er entbehren kann. Wenn er Zeit hat, weiht er seine Kund-

schaft anschließend bei einer Tasse Kaffee in die Geheimnisse der Kräuter ein. Und wer dann Feuer gefangen hat, kann sonntags ein Kräuterseminar auf dem Dahlschen Lindenhof besuchen.

Einmal im Jahr, im Spätherbst, lädt der sonst eher scheue Autor, der es sich verbittet, auch nur von einem Faxgerät in seiner Privatsphäre gestört zu werden, Freunde, Bekannte und Sinnesverwandte nach rheinischer Tradition zum »Weckmann-Essen« an den Kamin im umgebauten Stall. Bei Unmengen von rosinengespickten Weckmännern, Kaffee und Tee wird dann über Kunst und Natur, Ökologie und Literatur geredet und philosophiert. Und wenn man Glück hat, führt einen Dahl in eine kleine Werkstatt in der Scheune. Dort zeigt er dann, was ihn gerade so beschäftigt: die Herstellung von handgeschöpftem Papier zum Beispiel. Voller jugendlicher Begeisterung zieht er gepreßte Blätter unter schweren Büchern hervor, bestaunt die faszinierenden Strukturen des selbstgefertigten Papiers, zeigt im Papier eingeschlossene Blüten und Samen – er hat etwas für sich Neues entdeckt, eine Erfahrung gemacht, etwas gelernt, das ihm wieder ein Stückchen weiterhilft, die Welt und ihre komplizierten Zusammenhänge zu verstehen.

Jürgen Dahl kann einen inspirieren und mitreißen, weil er nicht nur vieles weiß, sondern wie kein anderer Verbindungen herstellen und so neue Horizonte öffnen kann. Ohne Jürgen Dahl hätte ich heute vielleicht einen hübschen Garten, würde ab und zu eine neue Pflanze kaufen, weil mir ihre Farbe gefällt oder weil irgendwo noch ein Eckchen frei wäre. Aber ich hätte nie begonnen, einen Garten zu verstehen, das System Garten zu begreifen, ein Gefühl für Gärten zu entwickeln. Ich würde noch immer gedankenlos durch fremde Gärten und Parks schlendern und sie (hoffentlich) schön finden, aber ich würde nicht darüber nachdenken, was sich hinter ihrer vordergründigen Schönheit verbirgt, welche Intentionen ihre Gestalter hatten. Ich hätte keinen Sinn für ihre Ausstrahlung und woher sie rührt. Ich würde sie nicht als Teil eines großen Ganzen begreifen, eine kleine Welt analog zur großen, deren Strukturen möglicherweise ganz andere Dinge erklären können.

Jürgen Dahl ist ein Gärtner und ein Philosoph. Ein Philosoph, der ohne seinen Garten wahrscheinlich vieles nicht so klar durchschaut hätte.

Niemand sonst stellt so viele richtige Fragen, niemand sonst kann ökologische Zusammenhänge so undogmatisch, so schlüssig und verständlich erklären wie dieser sensible Freigeist. Wenn man bei ihm, in seinem mit Büchern bis an die Decke vollgestopften Wohnzimmer sitzt, wenn der hagere Grübler mit dem grauen Bart und dem ganz leicht gekrümmten Gärtnerrücken erzählt, wenn seine fröhliche Frau Hella Tee serviert, dann wird die Welt auf einmal ziemlich einleuchtend. Dann begreift man, warum etwas so ist, wie es ist, und man versteht nicht, warum so viele Menschen stur in die falsche Richtung weiterrennen.

(Von Jürgen Dahl ist im Deutschen Taschenbuch Verlag erschienen: ›Vom Geschmack der Lilienblüten. Neueste Nachrichten aus dem Garten‹.)

Blinde Leidenschaft

Blinde Leidenschaft ist bestenfalls langweilig und banal, schlimmstenfalls peinlich. Unreflektierte Schwärmereien finden meist ein schnelles Ende. Wahre Liebe muß reifen, sie hat ihre Hochs und Tiefs, hat kritische Zeiten zu überstehen und muß auch einmal mit einem zeitweiligen Abflauen des Interesses fertig werden.

Das gilt auch für meine Liebe zum Garten, die schon Jahreszeiten-bedingt bessere und schlechtere Zeiten kennt. Im Winter erkaltet diese Liebe regelmäßig ein kleines bißchen, bevor sie im Frühjahr wieder auftaut, im Sommer hitzig wird und mit dem Herbst ein abgeklärtes Stadium erreicht.

Vor gut einem Dutzend Jahren hat der Schriftsteller, Ex-Marilyn-Monroe-Ehemann, Hobbyschreiner und passionierte Gärtner Arthur Miller in der ›ZEIT‹ seine und eigentlich auch meine wechselnden Gefühle für den Garten beschrieben. Sein zitierenswerter Text (»Einmal Gärtner, immer Gärtner – Warum die Gartenarbeit für viele so unwiderstehlich ist«) ist bei aller

vorgeschobenen Distanz und Zurückhaltung eine einzige Liebeserklärung an ein kleines Stückchen Erde, in seinem Fall in Connecticut, USA, in meinem Fall in Hamburg, Deutschland.

So als wäre es ihm unangenehm, seine damals schon 35 Jahre währende Liebe offen zu erklären, als schämte er sich einer Zuneigung, die sich für einen Intellektuellen nicht schickt, flüchtet sich Miller in die Ironie: »Ich habe es nie verstanden, warum sich die Menschen einen Garten halten und warum auch ich mich vor 35 Jahren, als ich mein erstes Haus auf dem Land gekauft hatte, zuallererst daran machte, Erde für einen Gemüsegarten umzugraben. Überlegt man, wie einfach und leicht es normalerweise ist, ein Bund Karotten oder Rote Bete zu kaufen ... warum dann selber ziehen? Wo gerade selbstgezogenes Wurzelgemüse besonders schwer von gekauftem zu unterscheiden ist. Es ist der reinste Atavismus – eine Art rückgratverkrümmender Wunschvorstellung, die nichts mit der Wirklichkeit zu tun hat. Außerdem mag ich gar nicht besonders gerne Gemüse. Ich esse viel lieber etwas knackig Saftiges wie zum Beispiel Würstchen. Wenn man doch nur Würstchen mit Senf und Sauerkraut vor seinem Küchenfenster ziehen könnte!«

Aber wenn die Frühjahrssonne durchbricht, gesteht sich natürlich auch Miller alljährlich wieder seine Liebe ein und fängt an, im Garten zu werkeln, allerdings nicht, ohne eine Rechtfertigung für sein und unser aller Tun mitzuliefern: »Ich glaube für manche Heimgärtner ist die Gartenarbeit deshalb so anziehend, weil sie pflichtbesessene Neurotiker sind: Immer wenn einem das Leben sinnlos vorkommt oder ganz besonders schwierig ist, kann man in den Garten gehen und da etwas ›Nützliches‹ tun. Mütterliche oder väterliche Instinkte spielen da mit, denn die armen lebenden Pflänzchen schaffen es ja ohne dich nicht, sie brauchen eine gewisse Ordnung, Zuwendung und Schutz vor den bösen Feinden.«

Und so gibt sich auch Arthur Miller denn erneut seiner immerwährenden Liebe hin, gräbt um, sät ein, wässert und jätet, um eines Tages einmal mehr festzustellen: »Es gibt zum Beispiel kaum einen befriedigenderen Anblick als einen gut gepflegten Gemüsegarten, der taufrisch in vielen verschiedenen Grünschattierungen morgens in der Sonne liegt. Übrigens sieht das schöner aus als ein paar Reihen heißer Würstchen.« Millers lockere Zunge, seine vorgebliche Haßliebe für seinen Garten und die damit verbundene

Arbeit, kann nicht über unsere wahren Gefühle hinwegtäuschen. Unsere Leidenschaft sitzt tief, und wahre Liebe gibt es nicht umsonst: »Ein Garten ist eine Erweiterung unserer selbst, und so muß es etwas sein, um das wir uns auf immer neue Art bemühen müssen.« Folgerichtig Millers Quintessenz: »Gartenarbeit bildet den Charakter.«

Dieser gebildete Charakter schützt uns Gärtner allerdings nicht vor einem immanenten Denkfehler, den auch Arthur Miller eingesteht: »Nur ein Gärtner ist dazu fähig, daß – komme Dürre, Flut, Orkan oder auch nur seine eigene Dummheit – er stets wieder überzeugt ist, dieses Mal alles richtig zu machen! Gott hat sich schon die richtige Beschäftigung für seine Söhne und Töchter ausgesucht, nämlich die der immer wiederkehrenden und nicht regenerierbaren Selbsttäuschung.«

Gartenzwerge sind nicht spießig

Mit Kulturgütern ist das so eine Sache. Sie gehören zur nationalen Identität, und von der kann man sich als Bürger und Individuum nicht so einfach lossagen. Ob man will oder nicht, mit Beethoven und Goethe, Dürer, »Kaiser« Franz, Steffi und Claudia Schiffer hat man etwas zu tun und etwas gemein. Sie gehören zu einem, und manchmal hätte man gerne, sie gehörten einem.

Man mag ein zwiespältiges Verhältnis zu den nationalen Mythen haben, als Öko-Fundi zum Porsche etwa oder als Punk zu den Jungs von Ballermann 6, aber man entkommt ihnen nicht. Und deshalb gehören auch Gartenzwerge irgendwie zu jedem von uns. Schließlich haben wir (wer ist das eigentlich, »wir«?) die zu Zeiten des Barock genauso erfunden wie später die Schrebergärten.

Schon »Nationaldichter« Goethe schreibt in ›Hermann und Dorothea‹: »So war mein Garten auch in der ganzen Gegend berühmt, und jeder Reisende stand und sah durch die roten Staketen nach den Bettlern von Stein und nach farbigen Zwergen.«

Also Schluß mit der Distanziererei! Warum peinlich berührt wegschauen, wenn wieder irgendwo so ein Wicht im Vorgarten steht? Warum im Gartenmarkt schmerzverzerrt die Augen schließen, wenn die einschlägige Ecke in Sicht kommt? Warum hämisch lachen über den gemeuchelten Gartenzwerg, der mit dem Messer im Rücken im Garten des aufgeklärten Studienrats liegt, warum erleichtert lächeln, beim Anblick eines dicken Kanzler-Kohl-Zwergs im Biotop eines Grünen, der auf political correctness hält? Nieder mit dem verschämten Alibi-Zwerg, es lebe der klassische Wichtel.

Oder ist die schleichende Puttoisierung unserer Gärten etwa ein Fortschritt? Ein kleines, aus Beton gegossenes (hält länger und ist billiger als Sandstein) Engelchen auf einer dekorativen Säule hier ins Eck, dort eine wuchtige steinerne Gartenbank, auf der schon Nero gesessen und sich den Hintern abgefroren haben soll, in der Mitte ein Brunnen in Neptungestalt, dessen Wasser aus ökologischen Gründen immer wieder umgewälzt wird, bis die trübe Brühe mal wieder die Pumpe verstopft. Eine Sonnenuhr gefällig?

Bitte schön, hier hätten wir ein beinahe antikes Modell aus Kupfer, schon ab Werk voroxydiert, damit es nicht so neu glänzt.

Nein, da lobe ich mir den ehrlichen deutschen Gartenzwerg. Gartenzwerge sind doch so, wie wir selbst sein möchten: fröhlich, schelmisch und farbenfroh. Emsig bei der Arbeit, kennen nicht Rast noch Ruh'. Nie lassen sie sich unterkriegen, trotzen Wind und Wetter (besonders die modernen Plastikvarianten), sind genügsam und bodenständig.

Seit jeher waren die kleinen, bunten, erdverwurzelten Abbilder des Menschen eine spöttische Mahnung an uns, uns selbst nicht zu wichtig zu nehmen und gleichzeitig daran zu erinnern, daß es da noch eine Schattenwelt gibt, die des kleinen Volks der Gnome und Trolle, Kobolde und Heinzelmännchen, deren geheime Kräfte man gerade im Garten gut brauchen kann.

Gartenzwerge spießig? Ach i wo! Oder haben Sie schon einmal einen Gartenzwerg mit dem Bier vor dem Fernseher gesehen? Gartenzwerge sitzen auch nicht am Stammtisch und erzählen blöde Blondinenwitze – sie erzählen noch nicht mal gute Blondinenwitze – oder tratschen beim Kaffeeklatsch. Gartenzwerge futtern auch nicht pfundweise Knödel oder Schwarzwälder Kirschtorte und haben keine Blümchentapeten an den Wänden.

Und vor allem: Noch nie ist ein Gartenzwerg gesichtet worden, der sich einen Gartenzwerg in den Garten gestellt hätte.

Der Vorhang fällt

Die Morgenluft ist eisig, der Himmel strahlend und klar. Mit saftigem Platsch fällt eine Birne vom Baum, ein paar Blätter tun es ihr mit etwas mehr Grazie gleich. Einige dunkelrote Rosen halten noch trotzig die Stellung, auf dem Balkon blüht immer noch das Männertreu, und eine einzelne verwirrte Clematisblüte hat sich im Datum getäuscht und leuchtet hellrosa.

Stolz wie die Titanic versank, beendet der Garten allmählich sein diesjähriges Schauspiel. Der alte Birnbaum hat es noch einmal geschafft, aber ob er im nächsten Jahr noch von dieser Welt sein wird, ist mehr als fraglich. Bald kommt der erste Bodenfrost, und der Morgennebel wird die kahlen Äste verhüllen. Jetzt noch die Rosen schneiden und anhäufeln, das Laub zusammenrechen, die Tulpenzwiebeln fürs Frühjahr eingraben, und dann könnte man sich anderen Dingen zuwenden, sich ins Haus zurückziehen, dem Garten seine Ruhe lassen.

Aber etwas zieht einen an, lockt. Das Ende, der Verfall, das Verwelken übt eine seltsame Fas-

128

zination aus, ist geheimnisvoll, mysteriös. Es weckt dunkle Seiten in uns, erinnert uns an frühe Phantasien und Märchenwelten. Der Garten wird zum magischen Ort, der Spielraum für das Nie-Gedachte freigibt, an dem Unvorstellbares vorstellbar wird. Wir erinnern uns an die Vergangenheit und denken an die Zukunft.

Im Verfall zeigt sich das Wesen unseres Seins. Mit allen Mitteln versuchen wir gegen die Sterblichkeit unserer Existenz anzukämpfen. Menschen wollen unsterblich sein und sich mit ihren Taten, ihrer Arbeit, ihren Kunst- und Bauwerken, auch ihren Gärten, verewigen, sich Denkmäler setzen. Wo es uns technisch möglich ist, verlängern wir das Sterben mit allen Mitteln – bei den Dingen und sogar bei den Menschen. Wir restaurieren Kirchen, bauen von Krieg und Erdbeben zerstörte Städte zur Gänze wieder auf, kitten zersprungene Scherben und verpflanzen Herzen. Es ist uns ein Greuel, Dingen ihren Lauf, das Vergängliche vergehen zu lassen.

Nur im Garten sind wir machtlos. Jedes Jahr hat es ein neues Ende mit ihm. Aber der Garten lehrt uns auch: Nichts ist ewig, alles vergeht und doch entsteht immer wieder Neues. Zwischen Bruchsteinen wachsen Kräuter und Blumen, junge Triebe sprengen uralte Mauern, über Vergangenes wächst im wahrsten Sinne des Wortes Gras. Die Natur macht immer wieder einen neuen Anfang. Ihren Kreislauf können wir nicht durchbrechen.

Also lassen wir doch Vergänglichkeit zu, lassen wir Dinge verfallen, lassen wir sie in Schönheit sterben. Denn auch das lehrt uns die Natur: Im Alter liegt Schönheit. Eine verwelkte Rose, deren Blütenblätter sich leicht bräunlich verfärben, ist auf ihre Art absolut perfekt. Wo sie blühend vor Kraft und Farbe strotzte, zeigt sie im Vergehen ihre wahren Werte, ihre Zartheit, ihre Harmonie. Ähnlich das Blatt, das sich langsam verfärbt. Nur die Natur schafft diese Übergänge vom tiefen Grün zum fahlen Rot. Die Spuren des Alters, die wir an uns selbst so selten akzeptieren, die Falten und Runzeln, im Garten können wir ihre Ästhetik erkennen und genießen.

Und lassen wir uns überraschen, was aus dem Alterungsprozeß entstehen wird. Lassen wir den Dingen ihr Leben, auch um den Preis des Sterbens. Sterben ist ein bedeutender Teil des Daseins, das Ende auch ein Anfang, und die Natur beweist uns das im Garten spätestens im nächsten Frühjahr wieder neu.

Ökos im Garten

Man gibt sich ja Mühe. Man will ja ö.k. sein, ökologisch korrekt. Aber das ist ungefähr genauso schwer zu erreichen wie pc (political correctness). Vielleicht ist es auch ähnlich beschränkt. Wer glaubt, weil er einen Garten hat, schon ein besserer (Öko-)Mensch zu sein, der irrt gewaltig. Per se ist er oder sie sogar viel eher ein Umweltschwein. Unendlich die Vielzahl der Gefahren, sich ökologisch danebenzubenehmen. Ganz zu schweigen davon, daß man sich heutzutage ja schon geniert, ein paar lästigen Mücken den Garaus zu machen – die spielen schließlich im Kreislauf der Natur auch ihre Rolle.

Pflanzen, die sich nicht über viele Jahre an ihren Standort angepaßt haben und die keiner natürlichen Auslese unterworfen waren, neigen mitunter dazu, von Bakterien, Viren oder Pilzen befallen zu werden. Und wer wäre dann nicht schon in Versuchung geraten, statt biologischer Mittelchen die chemische Keule auszupacken?

Ein paar Mal spritzen, und es hat sich ausgepilzt. Naja, wer ehrlich ist, wird zugeben, daß es meist so einfach nicht funktioniert und der Pilz so hartnäckig ist, daß man glauben könnte, er stehe auf der pay-roll der einschlägigen Industrie. Trotzdem: Die Verlockung ist groß. Und so werden immer wieder umweltbewußte Hobbygärtner mit Atemmaske gesichtet, die sich im Schutz der Dunkelheit – mittags soll man ohnehin nicht spritzen – in ihren Garten schleichen. Ein paar Minuten später hört man dann nur noch ein leises pffff, pfff.

Aber nicht nur die Gärtner mit der Giftspritze sind Umweltsünder. Wohin denn mit den Gartenabfällen? In den Kompost natürlich. Wer so schlau ist, hat sicher unbegrenzten Platz und ist ein geübter Kompostierer. Denn das ist eine wahre Kunst. Der Kompost muß regelmäßig umgesetzt und gelüftet werden. Stickstoff- und kohlenstoffreiches Material müssen da sorgsam abwechselnd aufgeschichtet werden, Mineraldünger beschleunigt den Verrottungsprozeß. Mikroorganismen erledigen dann die restliche Arbeit. Zumindest dann, wenn es ihnen nicht zu kalt, zu warm, zu trocken, zu feucht, zu sauer oder zu alkalisch ist. Apotheker sollen hervorragende Kompostierer sein. Ich bin es nicht. Noch nie ist es mir gelungen, schöne, lockere, duftende Erde

in meinem grünen Schnellkompostbehälter zu produzieren. Vielleicht liegt es daran, daß ich keinen Stallmist als Zwischenschicht verwende. Leider ist die nächste Kuh ungefähr 15 Kilometer weit weg, und meine Frau hat etwas dagegen, wenn ich im Kofferraum Kuhscheiße durch die Gegend fahre. Sie behauptet, daß der Wagen dann immer so komisch rieche.

Ist aber auch egal, denn seit unsere Rosen die Schwarzfleckenkrankheit haben und die Birnen den Birnengitterrost muß ich eh aufpassen, daß kein Rosen- und kein Birnbaumblatt in den Kompost gerät, weil sich die entsprechenden Pilze sonst über die Erde immer weiter verbreiten. Wohin also mit dem ganzen Gartenabfall? Als umweltbewußter Städter steckt man da ganz schön in der Klemme. Schließlich ist es unter Androhung strengster Strafen – nicht unter vier Wochen Unkrautzupfen in öffentlichen Parks – verboten, Gartenabfälle unter den allgemeinen Hausmüll zu mischen, oder gar – aber so was würde natürlich ohnehin niemand tun – ganze Säcke voller Blätter in die Mülltonne zu stopfen. Wenn man allerdings solch einen blauen Sack mit einer Flasche Bier neben die Mülltonne stellt, nehmen die freundlichen Männer von der

Müllabfuhr ihn in der Regel mit und entsorgen ihn umweltgerecht. Da bin ich mir ganz sicher.

Garten und Ökologie passen eben nicht immer so ganz zusammen. Und selbst wenn man naiverweise glaubt, ein gutes Werk getan zu haben, und sich an den bunten Faltern erfreut, die den aus Südeuropa stammenden Schmetterlingsstrauch umschwirren, fängt man sich von den Spezialisten sofort wieder einen Tiefschlag ein: »Als Raupenfutterpflanze gleicht der Schmetterlingsstrauch einem Plastikgewächs« heißt es da in einem einschlägigen Werk. Die braven Tierchen besuchen den Strauch zwar eifrig, aber keines von ihnen legt seine Eier auf ihm ab, während beispielsweise auf der heimischen Salweide gezählte 77 Kleinschmetterlingsarten leben.

Nein, man hat's nicht leicht als Heimgärtner mit der Ökologie. Immerhin könnte man als Hobby ja Go-Kart- oder Motorbootrennen fahren. Dann hätte man sich sein schlechtes Umweltgewissen wenigstens redlich verdient.

Über die Gartenliebe

Ein Garten ist ein schreckliches Wesen: vereinnahmend, herrschsüchtig, kostspielig, rücksichtslos, eitel, prätentiös und egozentrisch.

Vereinnahmend, weil man ihm bald mehr Zeit widmet als sich selbst; herrschsüchtig, weil er über seinen Gärtner bestimmt; kostspielig, weil man seine Schönheit teuer erkaufen muß; rücksichtslos, weil er ohne Gnade niedermacht, was ihm nicht entspricht; eitel, weil er alle Aufmerksamkeit auf sich ziehen will; prätentiös, weil er täglich neue Launen zeigt; egozentrisch, weil er nur macht, was er selbst will.

Trotzdem verehrt man dieses Wesen abgöttisch, so wie man einer aufregenden, anstrengenden und launischen Frau auch mehr Aufmerksamkeit entgegenbringt, als einem braven, geduldigen, aufopferungsvollen Hausmütterchen.

Meinen Garten liebte ich vom ersten Moment an, obwohl er da noch von wenig einnehmendem Wesen war. Ich ahnte da schon etwas von seinen versteckten Geheimnissen, seiner zukünftigen

Schönheit und seinem Zauber. Je mehr ich mich mit ihm beschäftigte, je mehr Arbeit ich in ihn steckte, desto mehr begann ich zu entdecken, wieviel so ein Garten einem zurückgeben kann: Ruhe, Gelassenheit, Harmonie und Selbstbestätigung.

In und mit einem Garten zu leben, verändert nicht nur das tägliche Dasein, sondern auch das Bewußtsein. Das Zeitgefühl verschiebt sich, das Leben verläuft in anderen zeitlichen Dimensionen, denn was man im Beruf von heute auf morgen erledigt, dauert im Garten vielleicht ein ganzes Jahr oder länger. Von den Tulpenzwiebeln, die man im Herbst vergräbt, sieht man erst im Frühjahr erste grüne Triebe aus der Erde spitzen. Die umgepflanzte Pfingstrose gewöhnt sich so langsam an eine neue Umgebung, daß sie mindestens zwei Jahre braucht, bis sie wieder Blüten zeigt. Und der junge Apfelbaum muß erst seine Jugendphase überstehen, bevor er nach ein paar Jahren erstmals trägt.

Ein Garten läßt sich zwar im großen und ganzen gestalten, en detail kommt aber immer alles anders, als man es geplant hat: Die Schnecken fressen die Lupinen, die Sonnenblumen werden doppelt so hoch wie gedacht, die

Madonnenlilien stellen nach vier kläglichen Blättern ihr Wachstum gänzlich ein, die vorgeblich gelben Gladiolen strahlen in Wirklichkeit leuchtend pink und so weiter und so fort. Gegen Überraschungen ist man jedenfalls nie gefeit, aber das macht auch einen Teil des Reizes aus. Jede neue Knospe, jeder grüne Sproß wird inspiziert und eingeordnet, und immer wieder tauchen da Dinge auf, mit denen man nie gerechnet, die man nie gesät oder gepflanzt hat.

Ein Garten lehrt einen auch so etwas wie Demut: Man kann ihn nicht beherrschen. Die Natur macht, was sie will, sie läßt sich nichts aufzwingen. Von wegen, der Mensch solle sich die Erde untertan machen, davon hält ein Garten gar nichts. Man kann nicht gegen ihn arbeiten, sondern nur mit ihm. Und dazu muß man die Pflanzen, den Boden, die Tiere, die Sonne, das Wetter beobachten und kennenlernen.

Weil man aber in einem kurzen Menschenleben nie all das lernen kann, was die Natur seit Jahrtausenden weiß, wird man süchtig danach, noch mehr auszuprobieren, noch mehr zu erfahren, noch mehr zu erleben. Dazu muß man sich immer noch tiefer in die Geheimnisse des Gartens hineinbegeben, bis man ihm hoffnungslos verfällt. Das Schöne dabei ist: Man wird dafür belohnt, der Garten dankt einem (fast) jede Mühe mit immer neuen Überraschungen, mit ungeahnter Vielfalt, mit Wachstum, Düften und Farben.

Kleine Philosophie der Passionen

Zum Selberlesen und Verschenken – für alle,
die bereits einer Leidenschaft erlegen sind oder
ihre wahre Passion noch suchen

Peter Kunzmann
Angeln
ISBN 978-3-423-**20685**-3

Bernd Schroeder
Handwerken
ISBN 978-3-423-**20267**-1

Heiner Geißler
Bergsteigen
ISBN 978-3-423-**20039**-4

Elfriede Hammerl
Hunde
ISBN 978-3-423-**20037**-0

Klaus Walther
Bücher sammeln
ISBN 978-3-423-**34142**-4

Renate Just
Katzen
ISBN 978-3-423-**20095**-0

Binnie Kirshenbaum
Flohmärkte
ISBN 978-3-423-**20610**-5

Willi Winkler
Kino
ISBN 978-3-423-**20486**-6

Barbara Bronnen
Friedhöfe
ISBN 978-3-423-**20096**-7

Ulrich Pramann
Laufen
ISBN 978-3-423-**34184**-4

Johannes Dräxler, Harald Braun
Fußball
ISBN 978-3-423-**34288**-9

Burkhard Spinnen
Modelleisenbahn
ISBN 978-3-423-**20217**-6

Peter Würth
Gärtnern
ISBN 978-3-423-**20036**-3

Moritz Holfelder
Motorrad fahren
ISBN 978-3-423-**34233**-9

Stefan Maiwald
Golf
ISBN 978-3-423-**34351**-0

Michael Klonovsky
Radfahren
ISBN 978-3-423-**34289**-6

Bitte besuchen Sie uns im Internet: www.dtv.de

Kleine Philosophie der Passionen

Zum Selberlesen und Verschenken – für alle,
die bereits einer Leidenschaft erlegen sind oder
ihre wahre Passion noch suchen

Karl Forster
Segeln
ISBN 978-3-423-**34294**-0

Christian Weber
Ski fahren
ISBN 978-3-423-**20579**-5

Christian Ude
Stadtradeln
ISBN 978-3-423-**34232**-2

Dieter Hildebrandt
Tennis
ISBN 978-3-423-**34328**-2

Frank Gerbert
Wandern
ISBN 978-3-423-**34411**-1

Jochen Temsch,
Birgit Lutz-Temsch
Zelten
ISBN 978-3-423-**34194**-3

Bitte besuchen sie uns im Internet: www.dtv.de

Kleine Bibliothek der Weltweisheit

Die Kleine Bibliothek der Weltweisheit versammelt berühmte
Werke zur klugen und richtigen Lebensführung.

Die Bände befassen sich mit den zeitlos gültigen Fragen: Was ist
Glück? Was müssen wir tun, wie sollen wir handeln? Wie können
wir mit den Ratschlägen des Lebens am besten umgehen? Was sind
wir den Mitmenschen schuldig? Was ist ein richtiges, ein gerechtes
Leben? Jeder dieser Texte ist als Meisterwerk der Weltweisheit und
Lebenskunst in das Gedächtnis der Menschheit eingegangen

Boethius
Trost der Philosophie
ISBN 978-3-423-**34241**-4

Die Reden des Buddha
Übers. v. O. Neumann
ISBN 978-3-423-**34242**-1

Epiktet
Das Buch vom geglückten
Leben
Übers. v. C. Conz und
B. Zimmermann
ISBN 978-3-423-**34243**-8

Baltasar Gracián
Handorakel und Kunst der
Weltklugheit
Übers. v. A. Schopenhauer
ISBN 978-3-423-**34244**-5

Hildegard von Bingen
Über die Liebe
ISBN 978-3-423-**34245**-2

Konfuzius
Gespräche
Übers. v. R. Wilhelm
ISBN 978-3-423-**34246**-9

Laotse
Tao te king
Übers. v. R. Wilhelm
ISBN 978-3-423-**34247**-6

Michel de Montaigne
Von der Freundschaft
Übers. v. H. Lüthi
ISBN 978-3-423-**34248**-3

Friedrich Nietzsche
Ecce homo
ISBN 978-3-423-**34249**-0

Arthur Schopenhauer
Über das Mitleid
ISBN 978-3-423-**34250**-6

Seneca
Von der Kürze des Lebens
Übers. v. O. Apelt
ISBN 978-3-423-**34251**-3

Voltaire
Candide
Übers. v. W. Tschöke
ISBN 978-3-423-**34252**-0

Bitte besuchen Sie uns im Internet: www.dtv.de

Vom Glück, mit der Natur zu leben

»Das Buch ist eins der bezauberndsten,
die ich je in der Hand hatte.«
Hannelore (Loki) Schmidt

Vom Glück, mit der Natur zu leben
Das Tagebuch der Edith Holden
Naturbeobachtungen aus dem Jahre 1906
ISBN 978-3-423-36105-7

In Wort und Bild beschreibt Edith Holden Flora und Fauna ihrer englischen Heimat im Wandel der Jahreszeiten. Alles, was sie auf ihren Spaziergängen und Wanderungen beobachten konnte, hat sie sorgfältig niedergeschrieben, ihre Lieblingsgedichte und Sprüche zur Jahreszeit hinzugesetzt, die Monatsnamen erläutert, die Feiertage gekennzeichnet, vor allem aber ihre Eintragungen mit eigenen Aquarellen von Pflanzen und Tieren illustriert. Blatt für Blatt dieses Tagebuchs zeugt von Edith Holdens Liebe zur Natur und ihrer Begabung, das Erlebte empfindungsreich zu vermitteln. Eine einzigartige, beglückende Darstellung der noch unversehrten Natur – eine eindringliche Mahnung an uns, diese Unversehrtheit zu erhalten.

Bitte besuchen Sie uns im Internet: www.dtv.de